Anny Hahn
Es gibt einen lebendigen Gott

»Gott ist dennoch
vor allem die Liebe, und dann kann uns
nichts das Leben nehmen.«
Traugott Hahn

Anny Hahn

Es gibt einen lebendigen Gott

Ein Lebenszeugnis

BRUNNEN VERLAG UND BRUNNQUELL VERLAG GIESSEN

ABCteam-Bücher erscheinen in folgenden Verlagen:
Aussaat- und Schriftenmissions-Verlag Neukirchen-Vluyn
R. Brockhaus Verlag Wuppertal
Brunnen und Brunnquell Verlag Gießen und Basel
Christliche Verlagsanstalt und Sonnenweg-Verlag Konstanz
Christliches Verlagshaus Stuttgart
Oncken Verlag Wuppertal und Kassel

CIP-Kurztitelaufnahme der Deutschen Bibliothek

Hahn, Anny:
Es gibt einen lebendigen Gott: e. Lebenszeugnis /
Anny Hahn. – 11. Aufl. – Gießen: Brunnen-Verlag;
Gießen: Brunnquell-Verlag, 1987.
(ABC-Team; 3307)
ISBN 3-7655-3307-6
NE: GT

11. Auflage 1987

© 1987 Brunnen Verlag Gießen
Umschlagfoto: Starfoto – ZEFA
Umschlaggestaltung: Martin Künkler
Herstellung: Ebner Ulm

INHALT

GELEITWORT

Am 14. Januar 1969 jährte sich der Todestag von Professor D. Traugott Hahn – Dorpat – zum fünfzigsten Male. Eine ganze Generation von heute noch wirkenden Theologen verschiedener Nationalität wurde in ihrer Berufswahl durch sein Tatzeugnis für den lebendigen Christus bestimmt und in ihrem Verständnis von Zeugnis und Dienst im Namen des Auferstandenen geprägt.

Seine Witwe, Anny Hahn, geb. von zur Mühlen, die im Jahre 1968 in Heidelberg in seltener Frische ihr 90. Lebensjahr vollendete, hat das Erbe ihres Mannes Jahrzehnte hindurch in großer Treue verwaltet und es in ihrem eigenen Leben auf ihre Weise aufgenommen und weitergeführt. So geht es ihr in diesem Buch nicht um eine Wiederholung des weithin noch bekannten von ihr verfaßten Lebensbildes von Traugott Hahn, dessen Einzelzüge allerdings einer heranwachsenden Generation viel stärker bekannt sein sollten, als es weithin der Fall ist. Es geht ihr auch nicht zuerst, darauf weist sie selber hin, um die Vorlage einer Selbstbiographie, die allerdings auch als solche interessant genug ist, um gelesen, vorgelesen und weit verbreitet zu werden.

Es geht in diesen Aufzeichnungen aber um mehr, nämlich um die Bezeugung des lebendigen Gottes, der souverän und doch gnädig das Menschenleben führt und sich in dieser Führung und im Lebensgehorsam der an ihn Glaubenden als der Lebendige erweist. Für all die Menschen der gegenwärtigen Generation, die unter der scheinbaren Abwesenheit Gottes in unserer Welt leiden, die glauben wollen und doch nicht glauben können, die theologischen Begriffen und Systemen skeptisch oder hilflos gegenüberstehen, für sie alle kann ein solcher Bericht, der in erster Linie Tatsachen sprechen läßt, genau so gut, wenn nicht sogar viel überzeugender die Lebendigkeit Gottes bezeugen, als eine wissenschaftliche Diskussion es vermag.

Dankbar sei einiger Stunden gedacht, in denen die Verfasserin jungen Studentinnen und Studenten aller Fakultäten unter diesem Aspekt aus ihrem Leben berichtete. Noch heute lebt die Erinnerung an die Lektüre einer ersten Fassung dieses Buches vor einigen Jahren in kurzen Nachtstunden zwischen zwei Tagen einer Studentenfreizeit. Dankbaren Herzens wandern die Gedanken häufig zum Grabe Traugott Hahns in Dorpat, von dem aus immer wieder viel Trost und Ruf zum Zeugendienst ausgeht; Trost und Ruf eines Zeugen, dessen Zeugnis in diesem Buch Echo und eigenständige, von Gott gegebene Bestätigung findet.

Dank für ihre Zustimmung zur Veröffentlichung dieses Buches gebührt auch den Kindern von Anny und Traugott Hahn: Elisabeth Hahn, die als Pastorin in einer Gemeinde in Hameln tätig ist; Professor D. Wilhelm Hahn, Kultusminister von Baden-Württemberg; Beate Nestle, geb. Hahn, Frau des Oberlandesgerichtsrats Fritz Nestle, die in Stuttgart nebenher mancherlei öffentliche Aufgaben wahrnimmt.

D. Adolf Wischmann

Präsident des kirchlichen Außenamtes
der Evangelischen Kirche in Deutschland

Frankfurt am Main, im Winter 1968/69

VORWORT

Dieses Buch will keine Selbstbiographie sein. Sein Titel gibt wieder, was sein tiefster Inhalt ist, das Erleben des lebendigen Gottes.

In meinem an Wechselfällen reichen Leben habe ich die *Wirklichkeit Gottes* so deutlich erfahren – am stärksten in den schweren Tagen –, daß es mir zur Verpflichtung geworden ist, das nicht zu verschweigen. Aber auch von glücklichen Jugendtagen in meiner alten Heimat Estland möchte ich erzählen, denn sie bilden mit ihrem so ganz andersartigen Erleben den Hintergrund meiner späteren Wege.

So bitte ich, diese schlichten Aufzeichnungen als das anzusehen, was sie sein wollen, *ein Dank* für die unbegreifliche Tatsache, daß der große, allmächtige Gott ein winziges Menschenleben wie das meine bis ins kleinste hinein durch alle Stürme und Nöte dieses Erdendaseins führt.

Das Bekenntnis des 139. Psalmes ist auch das meine: »Ich gehe oder liege, so bist du um mich und siehest alle meine Wege. Denn siehe, es ist kein Wort auf meiner Zunge, das du, Herr, nicht alles wissest. Von allen Seiten umgibst du mich und hältst deine Hand über mir. Solche Erkenntnis ist mir zu wunderbar und zu hoch, ich kann sie nicht begreifen.«

VORWORT ZUR 8. AUFLAGE

Am 13. Januar 1974 ist Anny Hahn im Alter von 95 Jahren aus diesem Leben abgerufen worden. Die Nachricht von ihrem Tode hat viele Leser dieses Buches veranlaßt, ihr noch einmal für ihre Aufzeichnungen zu danken. Andere, die davon erfuhren, daß dieses Buch vielen Menschen zu einer wirklichen Glaubenshilfe geworden ist, haben den Wunsch es zu lesen.

Wir lassen das Buch noch einmal in 8. unveränderter Auflage erscheinen und grüßen alle, die Anny Hahn während ihres Lebens begegnet sind oder ihr durch das Lesen dieses Buches noch begegnen werden, mit dem Worte, das sie selbst, kurz vor ihrem Tode, für ihre Trauerfeier bestimmt hatte:

»Ich bin zu gering all der Barmherzigkeit und Treue, die der Herr an mir getan hat.« (1. Mose 32, 11)

ERSTER TEIL

1. Kapitel

Aus Kindheit und Jugendtagen

Mit der Erinnerung an meine Kindheit und Jugend steigt eine versunkene Welt vor mir auf. Versunken ist sie nicht nur für mich persönlich, versunken ist sie für unzählige Menschen, denen das Land meiner Väter am baltischen Ostseestrand Heimat war. Sie sind verstreut in alle Winde durch die Ungewitter dieser Zeit. Die 750jährige Sendung des baltischen Deutschtums im Osten scheint, soweit Menschen sehen, abgeschlossen und vorbei, weggefegt vom Sturm der Geschichte.

Mir ist, als sei im Jahre 1914, mit Ausbruch des ersten Weltkrieges, ein eiserner Vorhang niedergerasselt, der uns von einem Zeitalter trennt, das so anders war als das heutige, daß es mir fast wie ein Märchen vorkommt.

In den meisten Häusern unserer Bekannten, wie auch bei uns, herrschte ein gediegener Wohlstand, und das Leben lief in festgeordneten Bahnen ruhig dahin. Man hatte Zeit und lebte auf weitem Raum. Man machte Pläne auf lange Sicht und konnte sie ausführen. Fröhliche Feste wechselten ab mit der selbstverständlichen Pflichterfüllung der Alltagsaufgaben, die für die baltische Frau nicht allzuschwer waren, denn es standen ihr viele Hilfskräfte zur Verfügung.

Dennoch war es nicht, wie man so gerne sagt, eine gute alte Zeit. Es gab auch damals viel offenes und verborgenes Leid und viel Ungerechtigkeit, besonders auf sozialem Gebiet. Aber althergebrachte Sitte und Tradition setzten feste Grenzen und deckten manches Böse zu, das sich nicht offen zu zeigen wagte. Besonders behütet war das Leben der baltischen Frau im gepflegten Rahmen der Familie.

Unser baltisches Deutschtum war eng verbunden mit der Kirche. Das Wort Gottes hatte eine Macht im öffentlichen Leben, in Schule und Haus. In meiner Vaterstadt Reval spürte man in meiner Kindheit noch deutlich die Früchte einer Erweckung vor 50 Jahren, die die geistlich dürre Zeit des Rationalismus, als nur banale Menschenweisheit von den Kanzeln ertönte, ablöste. Damals wurde die zweite Pfarrstelle der großen St. Olai Kirche frei und durch einen Prediger namens Huhn besetzt. Huhn erlebte im Amt eine durchgreifende Bekehrung und wurde der gesegnetste Erweckungsprediger unserer baltischen Heimat. Durch ihn sind auch die Elternhäuser meines Vaters und meiner Mutter beeinflußt worden.

Meine Mutter

Das alttestamentliche Wort, daß der Segen frommer Vorfahren bis ins tausendste Glied reiche, der Fluch aber nur das 3. und 4. Glied treffe, birgt eine große Verantwortung für uns Lebende. Was werden wir unseren Kindern vererben, Segen oder Fluch? Aber es treibt auch zum Dank gegen Vorfahren, von denen wir wissen, daß sie im Glauben an Jesus Christus lebten und starben. Dieses darf ich von beiden Eltern sagen.

Meine Mutter Marie, geb. am 11. 8. 1838, gehörte dem alten Adelsgeschlecht der Ungern-Sternberg an. Ihr Vater, Besitzer des Rittergutes Lassila in Estland, war früh gestorben, und Marie verbrachte den größten Teil ihrer Kindheit auf dem elterlichen Gut, wo sie mit zwei Brüdern unter der Obhut ihrer Mutter aufwuchs. Von dieser Mutter sprach nicht nur die Tochter mit größter Verehrung, sondern alle, die sie gekannt hatten. Sie muß eine von den seltenen Persönlichkeiten gewesen sein, die trotz eigener schwerer Wege ihre Umgebung durchsonnen durch Herzensgüte und tiefe Frömmigkeit. Meine Mutter hing mit großer Liebe an ihr.

Das Leben auf den Gütern war damals sehr einsam. Es gab noch kein Telefon, kein Radio und vor allem keine Eisenbahn. Man war ganz auf die Beförderung mit Pferd und Wagen angewiesen, bei oft unmöglichen Wegen. Jeder Besuch war ein Ereignis, denn die meisten Nachbargüter waren 10 bis 30 km entfernt. Die so seltene Post wurde mit größter Spannung erwartet. Aber man führte ein wirkliches Familienleben, man las miteinander gute Bücher, und die Kinder erhielten eine sorgfältige Erziehung. Auch nahm man lebhaften Anteil an dem Ergehen der Landbevölkerung. Die Bauersfrauen kamen voll Vertrauen zu der Gutsfrau, schütteten ihre Herzen bei ihr aus und baten um Rat und Medizin in Krankheitsfällen.

Im Winter war das Landhaus fast vergraben im tiefen Schnee. Monatelang gab es kaum Verkehr mit der Außenwelt. Unheimlich war es, wenn man abends in der Ferne die Wölfe heulen hörte. Meine Mutter erzählte uns, wie sie einst auf einem einsamen Gang durch den Wald solchem Untier begegnet sei. Ihr Herz stand fast still vor Schrecken. Aber sie hatte die Geistesgegenwart, nicht davonzulaufen, sondern in Ruhe umzukehren, als wäre nichts zu befürchten. Und der Wolf tat ihr nichts.

Sehr oft wurden Sommer und Winter auf dem Strandgut Leetz bei Baltischport zugebracht, das dem unverheirateten Bruder meiner Großmutter, Jakob von Ramm, gehörte. Dieser Onkel hatte die schwere Gabe des zweiten Gesichts. Er sah den Menschen an, was ihnen bevorstand, und ebenso Dinge aus ihrer Vergangenheit. Einem Bauern, der auf seinem Wagen sitzend an ihm vorüber fahren wollte, rief er zu: »Kehre um und bestelle dein Haus!« Der Bauer starb in derselben Nacht. Ein anderes Mal machte ihm ein junger Seeoffizier von Baltischport aus, wo öfter fremde Kriegsschiffe lagen, seine Aufwartung.

Diesen ihm gänzlich fremden, aus weiter Ferne kommenden Offizier sah Jakob von Ramm scharf an und sagte ihm dann: »Was haben Sie getan? Sie haben Ihren Vater ermordet. Verlassen Sie mein Haus.« Der junge Mann sank in die Knie und rief erschüttert: »Wie können Sie das wissen? Es weiß es sonst niemand!« Seiner Schwester, Maries Mutter, sagte er einmal: »Feuerschaden brauchst du nicht zu fürchten, bei dir wird es niemals brennen.« Diese verließ sich so fest darauf, daß sie auch bei einem in der Nachbarschaft ausbrechenden Feuer völlig gelassen blieb.

Als meine Mutter erwachsen war, brachte sie mit ihrer Mutter oft mehrere Monate im Ausland zu, wobei wertvolle Bekanntschaften in Deutschland angeknüpft wurden. Wie sehr das Marie nach den einsamen Jahren in Estland genoß, kann man sich denken. Sie war geist- und lebensprühend, voll Temperament und offen für alles, was geistige Werte vermittelte. So lebt sie in meiner Erinnerung.

In ihrer Jugend soll sie liebreizend gewesen sein. Es wurde behauptet, sie hätte zwölf Heiratsanträge erhalten. Sie selber aber wollte dieses Thema nie berühren und ließ unsere neugierigen Fragen unbeantwortet. Vom gesellschaftlichen Leben aber zog sie sich eines Tages zurück. Sie hat uns Kindern erzählt, wie ihr auf einem großen Ball die ganze Hohlheit dieser Art von Geselligkeit zum Bewußtsein kam. In ihrer impulsiven Art stand sie auf, verließ den Saal und beschloß, nie wieder einen öffentlichen Ball zu besuchen. Aber sie machte kein Gesetz für andere daraus, und für fröhliche private Geselligkeit hatte sie durchaus Sinn und bot ihr auch viel Raum, als sie ihr eigenes Haus hatte. Nur mußte sie sich in erlaubten Grenzen halten. Daher lehnte sie den Verkehr mit Kreisen ab, deren Ton ihr nicht paßte. Das ist ihr manchmal als Hochmut ausgelegt worden. Sie nahm das aber ruhig auf sich, denn ihrer Überzeugung blieb sie unter allen Umständen treu, mochten die Menschen sie auch nicht verstehen.

Ebenso treu war sie in ihrer Freundschaft. Nur mit Rührung kann ich in ihrem vergilbten Stammbuch blättern, das voll glühender Freundschaftsversicherungen ist. Da liest man: »Auf ewig Deine, ja Deine Adele!« Das war nicht nur eine schöne Redewendung, diese Treue hielt wirklich bis ins Alter, ja bis an den Tod. Mir scheint, daß die Wärme des Gefühls früher stärker war als heute, wo die Hetze des Lebens so viel verschüttet oder nicht aufkommen läßt.

In diesem Zusammenhang möchte ich einen eigentümlichen Vorfall erwähnen. Meine Mutter wie auch jene Adele waren längst verheiratet und nach wie vor in tiefer Freundschaft verbunden. Adele Greifenhagen, Gattin des damaligen Stadthauptes von Reval, lag schwerkrank. Eines Abends saß ich allein in unserm großen Saal am Flügel und spielte, als plötzlich am andern Ende des Saales ein großes Bild der »Sixtinischen Madonna«, das auf einer Staffelei hinter einem Sofa stand und das Adele Greifenhagen meinen Eltern zur Silberhochzeit geschenkt hatte, mit großem Lärm auf den Parkettfußboden fiel und in Scherben ging. Erschrocken stand ich auf. Es war sonst niemand im Zimmer und keine Ursache zu bemerken für den Fall des Bildes. Am nächsten Tag erfuhren wir, daß Adele Greifenhagen um diese Stunde gestorben war. Über dieses geheimnisvolle Zusammentreffen wurde nicht gesprochen. Wer könnte es auch erklären?

Der tiefste Grundton im Wesen meiner Mutter war ihre Frömmigkeit. Gewiß hatte sie ihre Fehler, aber ihr Christsein war kein äußerlich erlerntes, sondern ganz mit ihr verwachsen, es bestimmte ihr Leben und ihr Handeln. Sie verdankte darin viel ihrer frommen Mutter, aber auch der schon erwähnten Erweckungsbewegung durch den großen Prediger Huhn, dessen geistesmächtige und tiefernste Predigten nicht nur Reval, sondern auch weite Kreise in Estland ergriffen. Meine Mutter starb im Mai 1918, treu gepflegt von Frieda.

Meine Mutter war 25 Jahre alt, als sie am 17. September 1865 Ferdinand Traugott von zur Mühlen heiratete. Meiner Großmutter fiel es sehr schwer, sich von ihr zu trennen, und Marie sagte zu ihr: »Zum erstenmal bedaure ich, keine Schwester zu haben«, worauf ihre Mutter in ihrer originellen Art antwortete: »Ach ja, dann könnte die ja Ferdinand heiraten!« Übrigens war dieser Schwiegersohn sehr nach ihrem Herzen, und sie verbrachte ihre letzten Lebensjahre im Hause dieser Kinder, tief betrauert von ihnen, als sie starb.

Die Ehe wurde ungemein glücklich. Es lag zeitlebens etwas Bräutliches über dem Verhältnis der Gatten zueinander. Ich denke an die ritterliche Art, mit der mein Vater nach jeder Mahlzeit meiner Mutter die Hand küßte, oder auch an den so innigen Gute-Nacht-Gruß, den sie sich abends im Bett zuriefen und den ich von meinem Kinderbettchen aus, das im Elternschlafzimmer stand, hören konnte: »Gute Nacht, lieber Schatz!« Auch die noch erhaltenen Briefe, die sie sich bei gelegentlicher Trennung schrieben, zeigen eine tiefe innere Verbundenheit, ein Teilen aller täglichen Erlebnisse bis ins Kleinste hinein und eine große Wärme des Gefühls. Im Charakter sehr verschieden, ergänzten sie sich aufs beste. Mein Vater war ein Mann von wenig Worten, ernst und gewissenhaft und sehr arbeitsam. Er überlegte jeden Entschluß reiflich und war vielleicht etwas schwerfällig, während meine Mutter sehr rasch im Handeln und voller Unternehmungsgeist war. Beide fanden sich ganz im christlichen Glauben, der die tiefste Grundlage ihrer Ehe bildete.

Auch mein Vater, Ferdinand Traugott von zur Mühlen, stammte von frommen Vorfahren ab. Wie man aus ihren mit großer Treue geführten Tagebüchern ersieht, kommt es den Mühlenschen Vätern bei allen großen Familienereignissen wie

Taufen und Trauungen in allererster Linie darauf an, daß, wie sie sich ausdrücken: »Gottes Segen auf ihren Kindern ruhe und sie eine zarte Liebe zu ihrem Heiland und aller christlichen Tugend hätten.« Mit Recht wird im Vorwort der Familiengeschichte der von zur Mühlen gesagt, daß der Glaube an Christus für sie eine das Leben gestaltende Macht war, die besonders seit der Erweckungszeit des 19. Jahrhunderts das Leitmotiv für das Denken und Handeln unserer Vorfahren bildete.

Von meinem Großvater sind ausführliche Briefe aus der Zeit der Befreiungskriege erhalten, in denen er sich in verschiedenen Schlachten auszeichnete und mehrere Orden erhielt. Es spiegelt sich in diesen Briefen die ungeheure Erregung wider, die damals auf politischem wie auf geistigem Gebiet die Völker Europas erschütterte. Napoleon, der vor der Übergabe von Paris die Absicht hatte, die Stadt in die Luft zu sprengen, bezeichnet er in seiner politisch erregten Leidenschaftlichkeit als ein Ungeheuer und einen nackten Bösewicht, während er von Alexander dem Ersten, dem damaligen hochverehrten Kaiser von Rußland, überzeugt ist, daß er der Welt »die Friedenspalme brächte«.

Mein Großvater erhielt den ehrenvollen Auftrag, nach Beendigung des Krieges das erste Armeecorps des Grafen Wittgenstein von Paris nach Kowno zurückzuführen, verläßt aber im Jahre 1815 als Oberstleutnant den Militärdienst und übernimmt das väterliche Gut Piersal. Aus seiner Ehe mit Pauline von Müller stammte mein Vater Ferdinand Traugott von zur Mühlen, geb. am 10. 2. 1828. Er war erst 10 Jahre alt, als sein Vater starb. Seine Mutter muß es aber gut verstanden haben, ihre Kinder zu erziehen, denn er wie seine beiden älteren Brüder Arthur und Gottwald waren als Männer vorbildlich in ihrer Pflichterfüllung wie im Ernst der Lebensauffassung und wurden später im Landesdienst wie im kirchlichen Leben sehr geschätzt.

Der älteste Bruder Arthur übernahm das väterliche Gut Piersal, an das sich für mich so manche frohe Erinnerungen an schöne Familienfeste knüpfen. Im Piersalschen Hause herrschte eine geistige Höhenluft, stets war die Unterhaltung anregend und interessant und oft von erquickendem Humor gewürzt; die ur-originelle Tante war voll überraschender Einfälle, aber zugleich die Herzensgüte selber. Ich kann mich nicht erinnern, in diesem Hause je ein unfreundliches Wort über den lieben Nächsten gehört zu haben.

Der Onkel war eine bedeutende Persönlichkeit, willensstark und von überragendem Verstand. Als Landrat hielt er auf einem Landtag eine aufsehenerregende Rede gegen das Pistolenduell, das damals noch üblich war und manches traurige Opfer forderte. Diese Rede, die später auch im Druck erschien, ist ein Bekenntnis zum christlichen Glauben und ein mannhaftes Zeugnis, in welchem er seine Standesgenossen am Gewissen packt. Er ruft ihnen zu, daß der christliche Glaube sich nicht erschöpfen dürfe in einigen nichtssagenden Wendungen, wie das so oft üblich sei, sondern Ernst machen müsse mit der Nachfolge Christi. Das Duell sei Sünde und unvereinbar mit der christlichen Weltanschauung. »Ich für meine Person würde es vorziehen« – sagte er unter anderem –, »auf der Landstraße von Banditen umgebracht zu werden, als mein Leben in einem Akt der Sünde zu beschließen. Der christliche Glaube ist und bleibt die größte Macht auf Erden...«

Ergreifend war es, als dieser lebhafte Geist im Alter durch einen Schlaganfall der Sprache beraubt wurde. Ich sehe ihn noch vor mir, wie er, während wir bei einer Festlichkeit in Piersal in fröhlicher Runde plaudernd beisammen saßen, leise aufstand und sich im Nebenzimmer an den Flügel setzte. Seine rechte Hand war gelähmt. Aber mit der linken griff er mit machtvollen Akkorden in die Tasten und gab dem Ausdruck, was seine Seele bewegte und er in Worten nicht mehr sagen konnte. Zum Grabspruch hatte er sich das Wort des Psalmisten gewählt: »Ich will satt werden, wenn ich erwache nach deinem Bilde.« Dieses Wort entsprach seinem forschenden und um letzte Wahrheit ringenden Geist.

Doch nun zurück zu meinem Vater. Er widmete sich zuerst der Landwirtschaft. Nach Beendigung seines Studiums der Nationalökonomie an der Universität Dorpat erwarb er das Gut Wahhast. Dieses Landgut hatte schönen Wald, ausgedehnte Ackerflächen und Wiesen, aber auch viel Moor. Hier setzte mein Vater seine ganze Tatkraft ein, um das unbebaute Land urbar zu machen. Es wurden Gräben gezogen und große Strecken entwässert. Wir Kinder haben unseren Vater später oft begleitet, wenn er auf stundenlangen Wegen mit seinem Förster die Arbeiten inspizierte. Das Gut umfaßte wohl 30 km im Umkreis. Weite Strecken waren öde und verlassen, und man konnte auf dem heimtückischen Moor plötzlich versinken. An gefährlichen Stellen wurde zuerst mit einer langen Stange vorgefühlt, und dann sprangen wir vorsichtig von einem Tümpel zum anderen. Aber allmählich wuchs dort Wald heran, und der Morast verschwand mehr und mehr.

Das Wahhastsche Gutshaus war langgestreckt und altmodisch, aber innen sehr gemütlich eingerichtet. In den Zimmern standen seltene Pflanzen, und blühende Blumen aus dem Treibhause erfüllten das Haus mit ihrem Duft. Auch für Gartenkultur hatte mein Vater viel Sinn. Seltene Sträucher, hochgewachsene Lärchen und Eschen, schattige Laubengänge machten unseren Garten zu einem kleinen Paradies, in dem Rosen, Primeln, Narzissen, Vergißmeinnicht in verschwenderischer Fülle blühten.

Dahinter dehnte sich ein etwa 2 km langer Park aus mit gepflegten Wegen und einem Kanal, der die Gegend malerisch durchzog. Hinter seinen bräunlichen, eisenhaltigen Quellen vermuteten wir Kinder ein heilkräftiges Wasser, und es hatte einen eigenartigen Reiz, sich vorzustellen, daß Wahhast einmal ein berühmter Badeort werden könnte. Zunächst lag es aber ungeheuer abgelegen, etwa 80 km von Reval entfernt, das nur mit Pferden zu erreichen war. Auch bis zu den meisten Nachbargütern mußte man 20 bis 30 km fahren. Es war jedesmal ein Ereignis, wenn sich die Eltern zu solch einer Besuchsfahrt entschlossen. Dann machte sich die ganze Familie auf, und man fuhr von einem Gutshof zum anderen, blieb auch zur Nacht und fand trotz dieses unerwarteten Überfalls stets gastliche Aufnahme.

Wenn ich an die Stellung meines Vaters unter seinen estnischen Bauern denke, so kommt er mir vor wie ein guter Landesvater aus alter Zeit. Er hatte ein Herz für seine Bauern, die ihn liebten und achteten. Noch sehe ich vor mir, mit welcher tiefen Verehrung sie ihn grüßten, wenn er ihnen begegnete. Anders wurde es erst, als eine neue Generation aufwuchs, die im Zuge der nationalen Unabhängigkeitsbewegung die deutsche Vorherrschaft abzuschütteln bestrebt war. Zur Zeit meines Vaters aber war das Verhältnis noch ein patriarchalisch- freundliches.

Vor allem wollte er dem Worte Gottes Einfluß verschaffen. Das estnische Volk war dem Evangelium offen, aber der Weg zu der nächsten 25 km von Wahhast entfernten Kirche zu weit. Daher entschloß sich mein Vater, auf Wahhastschem Boden eine Kirche zu bauen. Auf einem Hügel, weithin sichtbar mit ihrem weißen Turm, riefen ihre Glocken sonntäglich zum Gottesdienst; so oft ich dabei sein konnte, war sie voll von Menschen.

Im Baltikum war die Verwaltung des Landes damals fast ausschließlich in Händen der Deutschen, besonders des Landadels, der auch die Interessen der estnischen Bauern auf dem alle drei Jahre in Reval zusammentretenden Landtag zu vertreten hatte. Es galt als eine hohe Ehre, in den Landesdienst berufen zu werden. Die unterste Stufe war der Hakenrichter, dann kamen die

Kreisdeputierten und endlich die zwölf Landräte. An der Spitze stand der Ritterschaftshauptmann, der direkt mit dem russischen Kaiser in Petersburg zu verhandeln hatte. Alle Ämter wurden ehrenamtlich versehen, obgleich sie ein großes Maß an Arbeit mit sich brachten, die neben dem Beruf geleistet wurden.

Mein Vater bekleidete alle diese Ämter der Reihe nach, bis er Landrat wurde. Er war überhäuft mit Sitzungen und Arbeit, denn schon im Jahre 1862 wurde er zum Sekretär der estländischen adligen Kreditkasse gewählt (Adelsbank), deren Präsident er später wurde. Dieses Amt band ihn ganz an Reval und wurde zu seiner eigentlichen Lebensarbeit.

In Wahhast, wo er einen estnischen Verwalter einsetzte, konnte er sich nur noch wenige Wochen im Jahre aufhalten, um nach dem Rechten zu sehen. Diese Wochen aber waren für uns, seine Familie, besonders schön. Es überkam mich schon ein Hochgefühl, wenn in Reval bei Beginn der Ferien die geschlossene Kutsche morgens früh vor unserer Türe stand und die Waschen, das heißt riesige Koffer in Breite der Kutsche, auf ihrem Dach aufgeschnallt wurden. Den ganzen Tag waren wir unterwegs. Um uns die Zeit zu verkürzen, gaben die Eltern uns Rätsel auf, und über dem Kopfzerbrechen und allerlei Plauderei wurde es niemals langweilig, hatte man doch beim langsamen Fahren, etwa 13 km in der Stunde, den vollen Genuß der Natur ganz anders als heute im Auto. Herrlich dufteten die jungen Birken, die Frühlingserde und die Blumen am Wege.

Am Abend rasteten wir auf dem Gute Kuimetz, wo uns unser Vetter Lodi von Samson mit einem schönen Abendessen erwartete. Aber wir Kinder waren voll Ungeduld, das geliebte Wahhast endlich zu erreichen. Bei der Weiterfahrt dunkelte es schon. Die abendlichen Nebel stiegen aus dem Moor, wir wurden schläfrig und stiller. Als der große Stein in Sicht kam, ein mächtiger Granitblock an der Landstraße, nach dem wir schon bei Be-

ginn der Fahrt zu fragen begannen, erhoben wir ein Freuden-
geschrei, denn nun ging es in schnellem Tempo eine Allee hinunter und nach etwa zehnstündiger Fahrt hielten wir endlich vor
dem Wahhastschen Gutshaus. Vor der Haustür erwarteten uns
die estnischen Verwaltersleute, der Gärtner und andere Ange-
stellte. Von allen wurden wir freudigst begrüßt und gingen dann
glücklich durch die altvertrauten Räume. Ich spüre es noch
heute, wie schön das Erwachen am nächsten Morgen war, wenn
die Sonne hell hereinschien und die Blütenpracht von draußen
durch die niedrigen Fenster schimmerte.

Hier in Wahhast kam das Familienleben zu seinem vollen
Recht. Gehörte der Vormittag der Wirtschaft, wobei wir den Vater auf seinen Gängen begleiten durften, so gab es gleich nach
dem Mittagessen um drei Uhr eine kurze, äußerst gemütliche
Lesestunde, bei der mein Vater eine Tasse Mokka trank und aus
den »Träumereien an französischen Kaminen« von Volkmann-
Leander oder sonst etwas Nettes vorlas.

Nachmittags wurde ein gemeinsamer Spaziergang gemacht
und an einer hübschen Stelle gerastet. Dabei war es eine stets
neue Überraschung, wenn plötzlich Bonbons vom Himmel her-
abregneten, die mein Vater heimlich aus der Tasche zog und von
uns ungesehen in die Luft geschleudert hatte. Ich glaubte lange
an diesen himmlischen Segen.

Nach dem Abendessen saßen wir in einer gemütlichen Ecke
des blauen Salons, wir Kinder zeichneten und handarbeiteten,
während mein Vater wieder vorlas. Wie viele schöne Bücher
lernten wir dadurch kennen, von Dickens »Die Pickwickier« und
»David Copperfield«, von Felix Dahn »Der Kampf um Rom« usw.

Mein Vater hatte gründliche Kenntnisse auf unzähligen Gebieten. Es war sehr interessant, ihn auf Spaziergängen nach diesem und jenem zu fragen. Er war bewandert in der Botanik, in
der Geschichte wie in der Philosophie, in den Klassikern und in

der Kunstgeschichte. Es hat mir später leid getan, daß ich das nicht viel mehr ausgenutzt habe, aber ich hatte immer eine gewisse ehrfürchtige Scheu vor ihm. Er selber war still und zurückhaltend und sprach nicht mehr als nötig. So kam es selten zu einem wirklichen Gedankenaustausch, zumal er in Reval völlig von seiner großen Arbeit beschlagnahmt war. Meist saß er bis in die Nacht hinein an seinem Schreibtisch, in seine Akten vertieft, denn neben seiner Tätigkeit als Bankdirektor verwaltete er Witwengelder und entwirrte schwierige Vermögensverhältnisse von Verwandten.

Nachträglich frage ich mich, wie er neben dieser Inanspruchnahme zu einer so umfassenden Bildung kommen konnte. Die Erklärung finde ich in dem feingebildeten Elternhause, in dem er aufgewachsen war und der so selbstverständlichen Kultur desselben, in dem geistig angeregten Kreise seiner Studienzeit in Dorpat, aber auch in den Jahren, die er auf dem abgelegenen Landgut Wahhast verbrachte, bevor er nach Reval gerufen wurde. Daß er in der Stille der Landeinsamkeit Zeit zur Vertiefung gefunden hat, davon zeugte seine wertvolle und sehr vielseitige Bibliothek. Obgleich man im Baltikum abseits von Deutschland lebte, nahm der baltische Deutsche regen Anteil an allem, was dort das Geistesleben hervorbrachte. Er starb 1906 bei einem Besuch bei uns in Dorpat.

Reval

Mit wehmütigem Stolz denke ich dein, du geliebte alte Vaterstadt am finnischen Meerbusen, eine Perle der nordischen Hansa. Aus dem Gewirr der engen Gassen und spitzgiebeligen Patrizierhäuser weisen die hohen, schlanken, gotischen Kirchtürme von St. Olai und St. Nicolai ernst zum Himmel empor und begleiten mit ihrem ehernen, seltsam melancholischen Glockenklang das Leben seiner Einwohner.

Eine altersgraue Festungsmauer schlingt sich wie ein Gürtel um die Innenstadt, immer wieder unterbrochen von kleinen Türmen, die mit ihren Kugeleinschlägen von einer bewegten historischen Vergangenheit zeugen. Welcher Estländer kennt sie nicht, diese mittelalterlichen Türme mit den drastischen Namen: »Die dicke Margarethe«, den »Kiek in die Köck«, das »Tor des kurzen Dombergs«! Über alles Getriebe da unten in der Stadt aber ragt hoch hinaus der felsige Domberg, kurz der »Dom« genannt. Er bildet einen Stadtteil für sich. Hier steht das Schloß mit dem weithin sichtbaren Turm, dem »langen Hermann«. Hier steht unter uralten Linden die Domkirche, an deren Wänden die Wappen der alten Adelsgeschlechter hängen, hier ist das Ritterhaus, in dem sich der Adel zu seinen Beratungen versammelte. Und ringsum hängen wie Nester am Felsen die verwitterten Häuser uralter Geschlechter, deren Fenster hinauslugen über Land und Meer.

Hier habe ich das Licht der Welt erblickt als sechstes Kind meiner Eltern. Zwei Kinder, Gerta und Ernst, waren schon vor meiner Geburt gestorben. Meine ersten Kindheitserinnerungen sind mit diesem Hause verbunden. Über uns wohnte der Pastor der Karlskirche, Brasche, mit sieben Kindern, mit denen wir in dem gemeinsam benutzten großen Garten wundervoll spielten.

Unserem alten estnischen Kutscher, der mit seiner Frau im Erdgeschoß unseres Hauses wohnte, muß ich noch einige Worte widmen. Solange ich denken kann, stand er bei uns im Dienst und sorgte wie ein Vater für seine Pferde. Dieser treue alte Mann hing mit so großer Verehrung an meinem Vater, daß er sich ausbat, sein Grab möchte einmal anstoßend an das Grab meines Vaters seinen Platz finden. Es rührte mich tief, als ich nach langen Jahren der Abwesenheit den Friedhof besuchte, und dicht neben dem Eisengitter, das unseren Familienplatz umgab, auch sein Grab fand. Dort schlafen nun Herr und Kutscher gemeinsam dem großen Auferstehungstag entgegen.

Auch zu den Hausangestellten, Diener, Köchin und Stubenmädchen, hatten wir ein herzliches Verhältnis. Sie gehörten zur Familie und wurden von uns Kindern sehr geliebt. Als kleines Mädchen wachte ich einmal in Tränen gebadet auf, weil ich geträumt hatte, daß jemand unserer Emmi den Fußschemel unter ihrer Nähmaschine fortnahm. Diese Emmi war ein Faktotum, das aus unserem Hause nicht fortzudenken war. Schon vor meiner Geburt war sie in unser Haus gekommen. Sie hatte die Oberaufsicht in der Haushaltführung, sie teilte der Köchin die Vorräte zu und flickte und nähte für uns. Nebenbei erzog sie uns Kinder, wobei sie sehr auf Sitte und Anstand hielt. Ich hing besonders an ihr und sie an mir.

Als mein Vater Präsident wurde, bekam er eine Dienstwohnung, und wir zogen in das Haus der Kreditkasse auf dem Schloßplatz. Dieser Umzug ist in meiner Erinnerung mit einer unbeschreiblich großen Anzahl herrlicher Torten verknüpft, die uns nach baltischer Sitte als »Salz und Brot« von Freunden und Bekannten ins Haus geschickt wurden. Da sie alle bei dem weit über die Grenzen Estlands bekannten Konditor Stude bestellt wurden, waren es wahre Wunderwerke, verziert mit Marzipan, Früchten oder Schokolade und versetzten unsere Kinderherzen in Entzücken.

Die neue Wohnung hatte wunderschöne, elegante Räume, die ganz auf Gesellschaften und Repräsentation berechnet waren. Der riesige achtfenstrige Saal hatte Marmorwände. An der Decke und über den Türen befanden sich Reliefs, die olympische Götterszenen darstellten. Zierliche vergoldete Stühle standen an den Wänden, überschattet von gewaltigen Palmen, und zwischen den Fenstern standen hohe Pfeilerspiegel. Bei der Weihnachtsfeier war es ein Bild strahlenden Glanzes, wenn diese

Spiegel den Kerzenschimmer verdoppelten, der von den fünf Weihnachtsbäumen ausging. Denn wir hatten stets einen ganz großen Baum, der vom Fußboden bis zur Decke reichte und vier kleinere, für jedes Kind einen auf seinem persönlichen Geschenktisch.

An einem Weihnachtsabend wurde meine sehr musikalische Schwester Julie mit einem neuen Flügel überrascht. Es war ein spannender Augenblick, als der Wandschirm, der ihn verdeckte, fortgezogen wurde. Julie war überwältigt. Mit Tränen der Freude umarmte sie die Eltern. Seitdem wurde das Musizieren auf zwei Flügeln ein besonderer Genuß. Ich liebte von klein an die Musik so sehr, daß ich manchmal, wenn meine große Schwester übte, unter dem Flügel hockte, um mir nur ja keinen Ton entgehen zu lassen. Julies Klavierspiel verschönte auch die großen Gesellschaften, die meine Eltern geben mußten.

Als auf Anordnung der Regierung eine russische Kathedrale auf dem Schloßplatz erbaut wurde, mußte die Kreditkasse ihr Haus räumen. Es wurde nicht niedergerissen, aber man stellte es den russischen Priestern als Pfarrei zur Verfügung.

Wir zogen nun samt der Kreditkasse vom Domberg in die Langstraße hinunter. Die neue Wohnung, die wieder oberhalb der Geschäftszimmer der Bank lag, hatte zwar keine Marmorwände, aber wiederum eine Flucht großer, schöner Gesellschaftsräume, die wie überall im Baltikum von riesigen Kachelöfen durchwärmt waren und ausschließlich mit Holz geheizt wurden, an dem es in unserem waldreichen Lande nicht fehlte.

Es wäre falsch, wenn die Beschreibung dieses äußeren Rahmens meiner Kindheit und Jugend den Eindruck erweckte, als hätten wir stets herrlich und in Freuden gelebt. Gewiß, es waren glückliche, bequeme Verhältnisse, in denen ich aufwuchs. Aber bei allem selbstverständlichen Komfort in Wohnung, Dienerschaft und Lebenszuschnitt, herrschte kein unnötiger Luxus.

Meine Mutter erzog uns zu Bescheidenheit und Selbstbeherrschung. Wir erhielten nur ein geringes Taschengeld und mußten davon Handschuhe, Schuhwerk und andere Kleinigkeiten selber kaufen. Ich erinnere mich einer Zeit, als mir das ernste Sorgen machte, denn ein Paar Handschuhe und ein Paar Stiefel kosteten mehr als zweimal mein Monatsgeld betrug. Da lernte man einzuteilen – eine ausgezeichnete Erziehung zur Sparsamkeit. Als wir erwachsen waren, bekamen wir Schwestern allerdings ein reichliches Jahrgeld, von dem wir dann unsere ganze Garderobe bestritten.

Auch sonst wurden wir Kinder nicht verwöhnt. Plätzchen und Süßigkeiten gab es nur zu besonderen Festtagen, und das herrliche Konfekt von Konditor Stude, das auf jedem Geburtstagstisch lag, gehörte zu den erlesenen Genüssen, mit denen man lange haushielt.

Erziehung und Schule

Meine Schuljahre sind stark geprägt worden durch den Druck, der damals auf dem baltischen Deutschtum lastete. Die in Rußland ans Ruder gelangte panslawistische Richtung hatte den Grundsatz, daß im ganzen russischen Reich eine Sprache und ein Glaube herrschen müsse. So wurde auch bei uns die deutsche Sprache aus dem öffentlichen Leben verbannt. Behörden und Schulen wurden mit russischen Beamten und Lehrkräften besetzt. Auch die evangelische Kirche hatte sehr zu leiden. Vielleicht kann die Schwere der Lage nur der ganz verstehen, der selbst in einem Grenzland aufgewachsen ist.

Es ging wieder einmal um die uralte Frage: Wo sind die Grenzen des Gehorsams, den man der »Obrigkeit« schuldig ist? Wir baltischen Deutschen hatten durch eine siebenhundertjährige Geschichte unser Volkstum bewahrt und unsern evangelischen Glauben verteidigt. Auch ernste Christen waren der Überzeugung, daß hier das Wort gelte: »Man muß Gott mehr gehorchen als den Menschen.« Volkstum und evangelischer Glaube sind von Gott anvertraute Güter, die man zu bewahren hat, auch wenn Kämpfe und Leiden damit verbunden sind.

Der äußerlichen Gewalt mußte man freilich weichen. Aber den deutschen Geist im eigenen Hause zu pflegen, das konnte einem niemand verwehren. Meine Eltern waren entschlossen, ihre Kinder in der Muttersprache unterrichten zu lassen und scheuten dafür keine Opfer an Mühe und Geld. Für meine älteren Schwestern und für mich wurden kleine Schulkreise in unserem Haus eingerichtet, in denen wir mit einigen Altersgenossen privat unterrichtet wurden, wobei das Russische als Sprache auch gelehrt wurde. Für die letzten zwei Jahre kamen wir in die öffentliche Schule. Ihrem Sohn, meinem Bruder Udo, ermöglichten sie das Studium in Freiburg i. Br. Dort lernte er auch seine künftige prächtige Frau kennen, Freiin Elisabeth von Gayling-Altheim auf Schloß Ebnet. Nach dem frühen Tod ihres Mannes kehrte sie als Witwe nach Ebnet zurück und hat sich dort als Schloßfrau in vorbildlicher Weise für die Bevölkerung des Dorfes eingesetzt in der schweren Kriegs- und Nachkriegszeit, geliebt und betrauert von vielen, als sie starb.

Ich war sieben Jahre alt, als das geregelte Schulleben für mich begann. Mit meinen drei Schulkameradinnen Lucie von Maydell, Benita von Wrangell und Natalie von Weymarn habe ich viele Jahre hindurch Freud und Leid des Schullebens geteilt.

Nach Kinderart waren wir bald fröhlich, bald unausstehlich miteinander. Eine von uns vieren wurde immer für eine Zeitlang aufs Korn genommen und bis zur Weißglut geärgert, so daß sie sich geradezu wie ausgestoßen vorkam. Warum wir uns das Leben unnütz schwer machten, ist mir heute unbegreiflich, denn im Grunde hatten wir uns alle gern, und mit jeder einzelnen bin ich in einer besonderen Art befreundet geblieben. Der Unterricht war im Vergleich zu heute recht eintönig und für mich, die ich ein zartes Kind war, oft sehr ermüdend. Es mußte viel Wissensstoff aus dem Buch auswendig gelernt werden.

Obgleich ich es in meinem Elternhause sehr gut hatte, gab es doch Stunden, in denen ich mich sehr unglücklich fühlte. Als Jüngste trat ich unwillkürlich hinter den beiden erwachsenen Schwestern zurück. Sie waren beide sehr fleißig und gewissenhaft und wurden mir, die ich es wohl weniger war, bei jeder Gelegenheit zum Vorbild gestellt. Das kann bekanntlich niemand leiden. Auch durfte ich nicht, was sie durften. Wenn sie an Sommerabenden in Leetz mit anderen Jugendgenossen auf das spiegelglatte Meer hinaus ruderten und ihr mehrstimmiger Gesang von dort herüber tönte: »Das Lieben bringt groß Freud«, »Jetzt gang i ans Brünnele« und andere Volkslieder, hatte ich den brennenden Wunsch, mit dabei zu sein. Aber meine Mutter schickte mich zu Bett mit der Begründung »wenn die anderen alle untergehen, muß ich doch wenigstens ein Kind übrig behalten«. Das leuchtete mir gar nicht ein, denn sie kamen ja stets wohlbehalten zurück.

Sehr litt ich darunter, daß ich oft die Kleider meiner älteren Schwestern erben mußte und dafür von den Schulkameradinnen verspottet wurde. Das grämte mich nicht nur persönlich, sondern ich schämte mich auch für meine Eltern, deren Ehre ich damit angegriffen wähnte.

Kinderschmerzen! Wie nichtig sind die Anlässe, und doch werden sie vom Kinde ebenso stark empfunden wie die großen Schmerzen der Erwachsenen. Bei meiner zarten Veranlagung war es aber gewiß ein Glück, daß meine Mutter in der Erziehung nicht weichlich war. Sie mutete uns mit voller Absicht manchen Verzicht zu, wohl wissend, daß uns auch im späteren Leben nicht jeder Wunsch erfüllt werden könne.

Eine Szene aus meiner ersten Kindheit steht mir dabei vor Augen. In den Wochen vor Weihnachten pflegte meine Mutter eine große Zahl von Damen aus der Stadt bei sich zu versammeln, um Kleider für eine Kinderbewahranstalt zu nähen. Diese Nachmittage fand ich immer sehr interessant. Viele Nähmaschinen rasselten, es wurde zugeschnitten und unter den geschickten Händen der Damen entstand ein Kleid nach dem anderen. Als in unserem großen Speisesaal die Bescherung stattfand, muß wohl ein Kind mehr, als erwartet, erschienen sein, denn meine Mutter kam eilig zu mir ins Spielzimmer gelaufen und forderte mich auf, eine meiner Puppen für diese Bescherung herzugeben. Als ich nicht sofort dazu bereit war, schalt sie ganz empört meines Herzens Härtigkeit. Für mich aber, die ich jede meiner Puppen persönlich liebte, war es der Schmerz einer Mutter, die plötzlich eines ihrer Kinder opfern soll. Unter heißen Tränen trennte ich mich schließlich von meiner »Karoline«, dieses Puppenkind buchstäblich von meinem Herzen reißend.

Ein Familienereignis und Reiseeindrücke

Im Winter 1897 begann der Stiefbruder meiner Schulkameradin Natalie, Alexander von Weymarn, auffallend viel bei uns zu verkehren. Wir kannten ihn noch nicht, da er seine Jugend in Petersburg verbracht und als Offizier im kaiserlichen Garderegiment gedient hatte. Nun fand er sich öfter zum Abendessen bei uns ein, unterhielt sich aber so ausschließlich mit meinen Eltern, daß wir glaubten, er komme nur ihretwegen. In Wirklichkeit aber meinte er meine Schwester Julie, und da er wußte, daß sie gerne und gut Schlittschuh lief, begann auch er dem Eissport zu huldigen. Der Erfolg war, daß Julie eines Tages von der Schlittschuhbahn als Braut zurückkam, und gleich darauf erschien Alexander, um bei den Eltern um ihre Hand anzuhalten.

Sie waren ein strahlendes Brautpaar. In unserem großen Saal gingen sie stundenlang auf und ab und hatten sich unendlich viel zu sagen. Alexander war der Besitzer der wunderschön am Meer gelegenen Güter Morras und Strandhof.

Nach einem fröhlichen Polterabend und der feierlichen Trauung in der St. Olai-Kirche brachte Alexander seine junge Frau auf das schloßartige Gutshaus von Morras, das mit seinem hohen weißen Turm von einem herrlichen Park und Wald umgeben war. In diesem Geschwisterhaus, das im Wagen oder Schlitten von Reval aus leicht zu erreichen war, verbrachten wir nun häufig die Weihnachts- und Osterferien. Unvergeßlich schön war es, im kalten Winter dick vermummt in Pelzmänteln in mehreren kleinen Schlitten durch die tief verschneiten Tannenwälder bis an das Meer zu fahren. Wuchtige Eisschollen türmten sich am Ufer, und über der endlosen Eisfläche lag eine tiefe Einsamkeit wie eine große Sehnsucht nach einer vollendeten Welt.

Julies Heirat brachte eine große Umstellung in mein Leben. Nun rückte ich an ihre Stelle, und mein Verhältnis zu meiner fünf Jahre älteren Schwester Frieda wurde besonders schön. Wir teilten von jetzt ab alles miteinander, und ich kann mich nicht erinnern, daß es je ein Mißverständnis zwischen uns gegeben hätte. Ich wurde nun auch als voll erwachsen angesehen, was mein Selbstgefühl hob.

Frieda hatte einen reizenden Humor, man konnte ebenso herzlich mit ihr lachen, wie auch im Tiefsten sich verstehen. Sie war gütig und selbstlos, trat mit ihrer Person stets bescheiden zurück.

Als Frieda einmal zu einer Kur nach Bad Tölz in Bayern verreisen mußte, erlaubten die Eltern mir, sie zu begleiten. Es war damals noch ungewöhnlich, daß zwei junge Mädchen allein reisten, aber die Eltern wußten, daß sie uns vertrauen konnten und setzten sich über solche Vorurteile hinweg. Wir genossen den gemeinsamen Aufenthalt in Deutschland sehr, ebenso einen Abstecher, den wir in die Schweiz machen durften.

Zwei Ereignisse haben mir auf dieser Reise einen tiefen Eindruck gemacht. Das erste war eine Aufführung des Schauspiels »Über unsere Kraft« von Björnson, die wir im Berliner Schauspielhaus sahen. Diese Aufführung erschütterte mich so sehr, daß ich mitten drin die Hände vors Gesicht schlug und nur mit Mühe das Schluchzen unterdrücken konnte. Durch eine packende und realistische Darstellung spürte ich hier zum erstenmal etwas von den sozialen Mißständen unserer bürgerlichen Welt und von der in der Tiefe gärenden Volksstimmung. Es war das Problem des Klassenkampfes, die verzweifelte Anklage der zur Zeit des Frühkapitalismus notleidenden Arbeiterschaft gegen die Besitzenden, die mir hier entgegenschlug, die zur Revolution führen mußte und auch geführt hat und deren Folgen ich im späteren Leben aus allernächster Nähe erleben sollte.

Dieser Eindruck wurde verstärkt durch einen Abend, den wir in Luzern erlebten. Ein Fest wurde gefeiert, die Stadt war illuminiert. Wir ließen uns über den Vierwaldstätter See rudern. Es war ein herrlicher Anblick, aber er wurde mir ganz verdorben durch ein Gespräch mit unserem Bootsmann, aus dem so viel Bitterkeit und Klassenhaß sprach, daß es mich als Illustration zu Björnsons Schauspiel aufs tiefste erschreckte.

Im Gegensatz zu diesen niederdrückenden Begegnungen stand das Erlebnis einer Fahrt mit der Zahnradbahn aufs Stanserhorn. Als wir auf der Höhe standen, war ich überwältigt. Wohin das Auge blickte, sahen wir nur die schneebedeckten Häupter gewaltiger Berge. Hinter diesen Jahrtausende alten schweigenden Bergriesen trat alles kleine menschliche Treiben da unten im Tal weit zurück. Die Seele weitete sich und spürte in tiefer Andacht den Hauch des allmächtigen Schöpfers.

2. Kapitel

Sommer in Estland

Leetz

Das Bild unseres baltischen Lebens wäre unvollständig, wenn ich nicht etwas von unseren Sommerferien berichten würde. Wer es nur irgend ermöglichen konnte, zog für die kurzen Sommermonate, die einem langen Winter folgten, von der Stadt aufs Land. In waldigen Gegenden, besonders am Meeresstrand, standen viele kleine Holzhäuser bereit, die man zu diesem Zweck mieten konnte.

Meine Eltern besaßen eine eigene Villa auf dem Strandgut Leetz, das dem Bruder meiner Mutter, Baron Rudolf von Ungern-Sternberg, gehörte. Dieser Ort war für meinen Vater, der durch seinen Posten als Präsident des Kreditsystems an Reval gebunden war, fürs Wochenende leichter zu erreichen als das abseits gelegene Gut Wahhast. Daher verbrachten wir den Sommer stets am Leetzschen Strand.

Leetz! Paradies meiner Kindheit und Jugend! Wie oft sehe ich in wachen Träumen alles vor mir, wie es einst war. Ich wandere am Strand entlang und suche Muscheln und klare, weiße Feuersteine, vor mir das weite, blaue Meer. Nur das leise Glucksen des Wassers ist zu hören, das die vielen Granitblöcke umspült, die weit ins Meer hinaus verstreut liegen.

In malerischen Buchten neigen sich alte Kiefern mit riesigen Ästen über Strand und Wasser. In den ausgespülten Schieferplatten glaube ich in meiner Fantasie die Fußspuren vorsintflutlicher Geschlechter zu sehen, die vor Jahrtausenden über diesen Strand gewandert waren. Auf der Badebrücke stehend, bewundere ich das goldene Netz, das die Sonne ins Wasser malt, auf dessen Grunde man jedes Steinchen, jede bunte Qualle sieht.

Oder ich backe wieder Kuchen aus Sand und grauem Sandstein und grabe Kanäle oder baue Burgen mit den Vettern Rolf und Baldur und springe mit ihnen von einem Stein zum andern in unwahrscheinlicher Leichtfüßigkeit. Fiel man dabei ins Wasser, was schadete es, man trocknete sich wieder in Sand und Sonne.

Herrliche, ungebundene Sommertage waren es, die wir alljährlich in Leetz von Mitte Juni bis Ende August verbrachten. Bereits das Ankommen in der kleinen Stadt Baltischport nach zweistündiger Eisenbahnfahrt hatte seinen besonderen Reiz, denn schon von weitem grüßte uns das Meer in seinem hellen Glanze. Das kleine Baltischport, in dessen dörflichen Straßen Kühe weideten, hatte einen vorzüglichen Hafen, der schon von Peter dem Großen zum Ausbau eines Kriegshafens vorgesehen war, ein Plan, der aber nie zur Ausführung kam.

Landschaftlich war Baltischport von unbeschreiblicher Öde. Auf der baumlosen Grasfläche, die das Städtchen umgab, wuchsen nur einige Wacholderbüsche. An dem steinigen Badestrand brach sich eintönig tosend Welle auf Welle, und der Wind sang sein wildes Lied. Aber vielleicht lag gerade in dieser kargen Natur ein gewisser, herber Reiz.

Um so überraschender war der Gegensatz zu der nur 5 km entfernten Leetzschen Küste, die von der Natur geradezu verschwenderisch beschenkt war und mit ihrem bewaldeten Strand, ihren hohen Dünen, ihrem parkähnlichen Tal und dem malerischen Glint (Steilküste) reiche Abwechslung bot.

In Baltischport angekommen, stiegen wir in die schon wartende Equipage. Dann ging es in schneller Fahrt einen langen geraden Weg entlang schnurstracks aufs Leetzsche Gutshaus zu und von da hinunter ins Tal, wo man von einer weiten Wiese einbog zu der Villa meiner Eltern. Diese war im Stil eines Schweizerhauses erbaut und stand auf einem besonders malerischen Platz. Von der offenen aber gedeckten Veranda aus, wo wir alle Mahlzeiten einnahmen, ging der Blick über eine grüne Rasenfläche zwischen hohen Tannengruppen hindurch auf das blaue Meer. Links vom Hause stand eine mächtige Schwarzeller mit drei Mühlsteinen darunter, und rechts murmelte hinter weißleuchtenden Jasminbüschen ein kleiner Bach. Von der Vorderseite des Hauses sah man auf einen runden Rasenplatz mit einer Gruppe weißen, persischen Flieders. Es blühte und duftete berauschend, und von allen Seiten begrüßten uns die Nachtigallen mit ihrem Flöten und Trillern.

Entzückt von der unberührten Schönheit dieser Natur, hielt es mich doch nicht lange hier, ich mußte hinaus an den Strand, der in fünf Minuten zu erreichen war, und sog in vollen Zügen den erfrischenden, salzigen Meeresgeruch in mich ein. Bei jedem Wind und Wetter war ich am Meer, das ich heiß liebte, ob es nun im stillen Abendglanz verklärt dalag, in allen Farben den Himmel widerspiegelnd, oder ob wilde Stürme seine grünweißen Wellen donnernd und schäumend ans Ufer warfen. Nach solchen Stürmen war der Strand überschwemmt mit allerlei Brettern und Bruchstücken von gestrandeten Schiffen, und in meinem nach Abenteuern dürstenden Sinn hoffte ich immer, eine Tonne zu finden, in der ein noch lebendes Kind läge, das ich dann aufziehen wollte. Aber dieser Wunsch erfüllte sich nicht, soviel ich auch den Strand absuchte!

Überraschend schön war auch die Flora in Leetz. Auf dem Glint und im Tal wuchsen trotz des steinigen und sandigen Bodens Maiglöckchen in großer Fülle und alle Arten von Wiesenblumen in besonders kräftigen Exemplaren. Auf den ödesten, windigen Strecken fanden sich die starkduftenden, weißen Federnelken.

Es war eine ganz andere Welt, die mich in Leetz umgab, als in der Stadt. Hier lebte man den ganzen Tag draußen, und auf mich ging schon als Kind eine starke Wirkung aus von diesem Leben in der Natur. Ohne eine Erklärung von Menschen empfand ich ganz stark hinter der Schöpfung den Schöpfer. Es war mir, als wenn der Geist Gottes über den Wassern schwebe, das erfüllte mich mit Ehrfurcht und weitete den Blick über das Irdische hinaus.

Oft saß ich stundenlang in der sogenannten »Großen Bucht« unter einer hohen Tanne, die auf bewaldeter Düne stand, und sah in tiefer Einsamkeit hinunter auf die unaufhörlich heranrollenden mächtigen Wogen. Mancher Jugendkummer wurde dabei still, weil ich hier unmittelbar hinter dem ewigen Meer den ewigen Gott spürte, dem gegenüber alles andere so klein wurde, so vergänglich und irdisch. Mir scheint, als hätte mir Gott damals innerlich etwas geschenkt für spätere schwere Führungen, in denen die Wasserwogen und Wellen des Leides über mich gingen und hinter denen ich doch den ewigen Gott und Vater wissen durfte.

Wenn ich an den neuen Himmel und die neue Erde denke, so stelle ich sie mir unwillkürlich vor wie ein verklärtes Leetz, wo ich, mit meinem Mann wieder vereint, anbetend vor der herrlichen Schöpfung Gottes stehen werde. Faßte er doch schon als Bräutigam dieselbe große Liebe zu der Leetzschen Natur, die ihn ganz bezauberte, so daß er einmal sagte, er wüßte nicht, wohin er sehen solle, auf die herrliche Landschaft oder auf seine Braut, das brächte ihn geradezu in Konflikt!

In Leetz hatten wir immer das Haus voller Gäste. Fast täglich fuhr unser Wagen nach Baltischport, um jemanden abzuholen, der aus der Stadt herüberkam, unser schönes Strandleben mit uns zu genießen. Alt und jung, Tanten, Cousinen und andere Bekannte blieben Tage, ja Wochen bei uns.

Meine Mutter hatte, glaube ich, manchmal etwas Sorge, wie sie so viele Gäste satt machen sollte, da das Herbeischaffen der Lebensmittel nicht ganz leicht war, aber es gelang immer. Die Ernährung war ausgezeichnet, und wenn ich jetzt an die gehäuften Schüsseln von Walderdbeeren und Heidelbeeren denke, an die stets frischen Fische, die mit neuen Kartoffeln und viel Butter so herrlich schmeckten, an den goldgelben Honig und die Berge von frischen »Kümmelkuckeln« (Weißbrötchen), so kann mir heute noch das Wasser im Munde zusammenlaufen.

Außer den Hausgästen fanden sich die Bewohner der anderen Verwandtenhäuser, die sich auf Leetzschen Boden befanden, täglich bei uns ein, besonders die Tanten, Amalie und Karoline, saßen stundenlang bei unserer Mutter auf der Veranda. Wir jungen Menschen gingen begreiflicherweise lieber gleich nach dem Morgenkaffee mit einem guten Buch an den Strand. Dort lag man im sonnendurchglühten Sande, las oder schaute träumend in den blauen Himmel. In den bei uns im Norden so großartigen und merkwürdigen Wolkengebilden meinte ich oft Zeus und Athene in ihren Wagen, gefolgt von der ganzen griechischen Götterwelt, majestätisch vorüberziehen zu sehen.

Da allgemein erst um drei Uhr zu Mittag gegessen wurde, hatten wir einen herrlich langen Vormittag. Nach einem erquickenden Bad im Meer ging es in die Stachelbeeren, von denen es unzählige Sträucher im Garten gab und unter denen wir uns die wohlschmeckendsten aussuchen durften. Onkel Rudolf hatte einen sehr guten Gärtner aus Deutschland angestellt. Mit Hilfe vieler Gartenjungen wurden die Wege kilometerweit in Ordnung gehalten und kunstvolle Teppichbeete schmückten die Rasenflächen in der Umgebung der Häuser. Besonders eindrucksvoll war die Terrasse, die vom Gutshaus hinunter ins Tal führte.

Über hohe Blumenvasen, Teppichbeete und Wasserbassins mit Springbrunnen ging der Blick über eine weite Wiese aufs Meer.

Ein Spaziergang von malerischer Schönheit führte zum Leuchtturm von Packerort, von dessen schwindelnder Höhe man über Land und Meer schaute, oder nach Leppiko, wo der Glint steil zum Meer abfiel und wir aus den herabgestürzten, sich übereinander türmenden Gesteinsplatten zahllose, vorsintflutliche Versteinerungen merkwürdiger Tiere herausklopfen konnten, ein auch für die Geologen interessanter Ort.

Nach dem Abendessen, das erst um neun Uhr stattfand und wie alle Mahlzeiten auf der offenen Veranda eingenommen wurde, ging es fast regelmäßig wieder an den Strand, um den oft großartig schönen Sonnenuntergang zu bewundern. War die Sonne mit ihrer goldenen Straße ins Meer gesunken, so spiegelte sich der Himmel mit seinen leuchtenden, roten, goldumsäumten, violetten, allmählich erblassenden Farben im Wasser, ein Naturschauspiel, an dem man sich an den hellen, nordischen Sommerabenden nicht satt sehen konnte. Das Abendrot ging langsam ins Morgenrot über.

Die Verwandtenhäuser

An diesem landschaftlich so schönen Ort konnte man stundenlang umherwandern, ohne einer einzigen Menschenseele zu begegnen. Diese Einsamkeit gab Leetz seinen besonderen Reiz. Das bunte Bild des modernen Badestrandes mit seinem Gewimmel von Menschen fehlte hier vollständig, es gab keine Restaurants und keine Kaffeehäuser, aber um so eindringlicher sprach die Natur in ihrer stillen, majestätischen Schönheit.

Etwas von dieser Urwüchsigkeit schien sich auf die wenigen Menschen, die hier wohnten, übertragen zu haben. Unlöslich sind sie für mich mit der Erinnerung an das einstige Leetz verbunden, besonders die Tanten Amalie von Samson und Caroline von Stern mit ihren Familien. Diese höchst originellen Tanten waren Schwestern und damals schon Witwen, geborene von Patkull, und es pulste in ihren Adern wohl etwas von dem stürmischen Blut ihres berühmten Vorfahren, der im nordischen Krieg eine dramatische Rolle gespielt hatte. Sie waren stark in ihren Gefühlen und äußerten sie mit einer erquickenden Ursprünglichkeit. Was ihren Anschauungen nicht entsprach, wurde ohne Kompromiß scharf abgelehnt. Menschenfurcht kannten sie nicht; immer war alles an ihnen echt und charaktervoll. Erst später ist mir aufgegangen, mit welcher Würde sie im Verborgenen viel Schweres getragen haben.

Schön war es, welche Hochachtung sie später meinem Mann entgegenbrachten, der als völlig Fremder in diesen Verwandtenkreis eintrat. Sie spürten gleich die Lauterkeit seiner Gesinnung und daß bei ihm Glauben und Leben übereinstimmten.

Über Tante Carolines temperamentvolle Aussprüche mußte auch er oft lachen. Als es einmal jemand wagte, an Goethe, den sie hoch verehrte, seine Liebschaften zu bemängeln, rief sie rot vor Zorn und mit blitzenden Augen: »Mit Goethe geht man eben durch dick und dünn«. – Tante Amalie wiederum hatte viel Witz und eine verblüffende Schlagfertigkeit. Es war nicht geraten, sich mit ihr in einen Streit einzulassen. Als sie einmal mit einer fremden Dame in der Eisenbahn wegen eines offenen Fensters aneinander kam und diese sie etwas hochmütig fragte, wer sie sei, antwortete Tante Amalie trocken: »Augenblicklich eine Dame in schlechter Gesellschaft.«

Sehr entwickelt war bei beiden Tanten der Familiensinn. In der Samsonschen Villa waren die Wände geradezu tapeziert mit den Scherenschnitten ihrer Vorfahren, über die Tante Amalie genauestens Bescheid wußte. Aber sie hütete auch ihre Geheimnisse. Als einmal in einem Geheimfach die Briefe einer verbotenen Liebe gefunden wurden, hat Tante Amalie sie verbrannt. Ich wagte das zu bedauern, hätte ich sie in meiner jugendlichen Neugierde doch zu gerne gelesen. Da bekam ich es aber mit der Tante zu tun. Sie wies mich schroff zurecht und prägte mir ein, daß man auch bei Verstorbenen Diskretion wahren müsse.

Die schon erwachsenen Söhne der beiden Tanten hingen mit vorbildlicher Ehrfurcht an ihren Müttern. Sie waren damals, als ich noch Kind war, alle schon Männer, die im Beruf standen, Advokat, Landwirt, Arzt und Redakteur und verbrachten ihre Urlaubswochen hauptsächlich auf dem Wasser und im Wasser.

Näher im Alter als diese Vettern standen mir die vier Ungernschen Kinder des Gutshauses, Baldur, Rolf, Isolde und Karl-Magnus. Bei unserer Ankunft wurde ich schon mit Ungeduld von ihnen erwartet, und es begannen herrliche Sommertage, in denen wir einander bei Tennis und Krocket die besten Spielgefährten waren.

Alle vier Kinder waren sehr begabt, besonders Rolf. Er hatte ein fabelhaftes Gedächtnis und eine große Ausdauer. Es gab wohl kein Zitat von Goethe und Schiller, das er nicht kannte. Als Primaner konnte er schon den ganzen Faust auswendig. Zu seinem eigenen Vergnügen hatte er jeden Morgen beim Ankleiden eine Seite desselben auswendig gelernt.

Mit den Ungernschen Kindern fuhr ich öfters im offenen Wagen zu dem sogenannten »Heidetag«, der jeden Mittwochnachmittag, etwa vierzehn Kilometer von uns entfernt, an der gegenüberliegenden Kegelschen Küste stattfand. Dort hatten viele Revalsche Bekannte ihre Sommervillen, und es war eine nette Einrichtung, daß die Jugend der verschiedenen Häuser sich einmal in der Woche auf der Heide, einer waldumschlossenen Wiese, zu fröhlichen Spielen zusammenfand.

In Leetz lagerten wir Kinder uns oft nachmittags in einer

Scheune und hörten dem Vorlesen des Hauslehrers der Ungern-schen Kinder zu. Seine Auswahl des Lesestoffs war recht un-glücklich, denn es waren schauerliche, damals viel gelesene Ein-brechergeschichten, die mit allen Einzelheiten des Grauens und der Furcht geschildert waren. Sie haben mich jahrelang verfolgt und bange gemacht.. Den andern Kindern mag es ebenso ergan-gen sein.

Unser Kreis war damals schon vergrößert durch zwei junge Cousinen aus Berlin, Amy und Lilly von Ungern, die mehrere Sommer mit ihrem Vater, Bruder meiner Mutter, bei uns in Leetz verbrachten. Der Onkel, Eduard von Ungern, war Redakteur der Kreuzzeitung in Berlin und äußerst konservativ. Er genoß es, sich kurze Wochen von der Politik ausruhen zu können. Aber durch die Zeitungsnachrichten folgte sie ihm nach, und so war er oft gedrückt und verstimmt. Nur Mama, die diesem Bruder sehr verbunden war, verstand es, ihn zu beruhigen. Doch hatte er auch viel Humor. Uns Kinder pflegte er mit der Frage in Ver-legenheit zu bringen: »Wenn ein Menschenfresser dich aufäße, womit willst du lieber gegessen werden, mit Erdbeer- oder mit Himbeersaft?« und konnte dann so herzlich lachen, wenn wir uns für eins von beidem entschieden.

Die Cousinen Amy und Lilly waren ganz verschieden, schon rein äußerlich. Amy blond, blühend und hübsch, sprudelte von lustigen Einfällen. Lilly hatte glattes, schwarzes Haar, war in sich gekehrt und still und sah mit ihren schönen dunkelumrän-derten Augen melancholisch aus.

Amy brachte so viel Leben nach Leetz, daß sie den ruhigen Rhythmus unserer Tage fast sprengte. Auf der Schaukel auf- und abfliegend, hörte man sie schon von weitem mit glocken-heller Stimme schmettern: »Deutschland, Deutschland über alles« oder »Juchheirassassa, die Preußen sind da!« Sie war ein Backfisch, wie er im Buche steht. Sie schwärmte, verliebte sich, schrieb Romane und dichtete ihre »Flammen« an, ließ diese humorvollen Gedichte aber ruhig kursieren. Mit den gleichaltrigen Vettern Rolf und Baldur schloß sie glühende Freundschaft, eine Freundschaft, die fürs Leben gehalten hat. Spaßig waren die lebhaften Handbewegungen, mit denen sie ihr fröhliches Geplauder stets begleitete. Ihr ganzes Wesen war so unmittelbar und natürlich, daß jung und alt sich ihrem Charme nicht entziehen konnte.

Dann wieder war sie voll fantastischer Ideen. Eines Tages verkleidete sie sich als Bettelmönch. Gehüllt in den Lodenmantel ihres Onkels, mit einem groben Strick umgürtet, wanderte sie hinaus auf die Landstraße und streckte den Vorüberfahrenden ihre Hand entgegen, sie um eine milde Gabe bittend. Als dies dem Onkel Rudolf zu Ohren kam, gab es ein tüchtiges Donnerwetter, das sich nicht nur auf sie entlud, sondern auch auf ihre beiden Vettern, Baldur und Rolf, die mit im Komplott waren. Nichtsdestoweniger wurde dieser eigenartige Bettelmönch photographisch verewigt und viel belacht.

Amy haßte Berlin, die Großstadt, und war jedes Mal verzweifelt, wenn sie dahin zurückkehren mußte. Sie empfand Estland als ihre eigentliche Heimat, an der sie glühend hing. Als sie die Schule in Berlin beendet hatte, verbrachte sie daher auch zweimal den Winter bei uns. Aber das Zusammenleben mit ihr war nicht ganz einfach, denn sie war damals ein gärender Most, der in unbändiger Lebhaftigkeit und blühender Fantasie immerzu überschäumte. Oft konnte ich gemeinsam Erlebtes in ihren Schilderungen kaum wieder erkennen, denn auch das Gewöhnliche gestaltete sich bei ihrer dichterischen Ader zu einem interessanten Erlebnis. Ich dagegen hatte viel von der Mühlenschen Schwerfälligkeit und verstand es nicht, mich in diese ganz andere Art zu finden. Ich war selber noch unreif und jugendlich schroff im Urteil. Unsere Ansichten platzten daher oft heftig aufeinander.

Auch im Konfirmandenunterricht, den wir gemeinsam besuchten, gingen wir leider innerlich fremd nebeneinander her, obgleich der Pastor uns einmal sagte, wir zwei könnten uns doch gewiß gut ergänzen. Als ich gleich abwehrte: »Dazu sind wir viel zu verschieden«, sah er mich erschreckt und betrübt an. Erst viel später erkannte ich, daß meine Haltung die des Pharisäers war und daß ich Amy manches abzubitten hätte. Es hat mir sehr leid getan, daß wir uns im Alter nicht wiedergesehen haben. Beide waren wir sehr verschiedene und nicht leichte Wege geführt worden. Wie gern hätte ich ihr noch einmal die Hand gereicht, jetzt, wo die größere Reife des Alters ein so viel größeres Verstehen anderer Naturen schenkt.

Sehr wertvoll war mir nach Amys Tod ein Briefwechsel mit ihrem Mann. In tiefem Schmerz um ihren Verlust entwarf er mir ein umfassendes Bild ihrer Persönlichkeit, wie sie geworden war, gereift und vertieft, obgleich oder vielleicht gerade weil sie noch durch viel Suchen und durch manche Enttäuschungen gegangen war. Ich mußte dabei an einen Ausspruch von Annemarie, meiner Ältesten, während ihrer letzten Krankheit denken, daß es mit zum Trostlosesten gehöre, wenn ein Mensch sich durch schwere Schicksale gar nicht verändere und nichts zugelernt hätte. Hier war das Gegenteil der Fall, und es ist versöhnend, etwas davon zu ahnen, wie Gott durch Leid und Not an einem Menschenleben meißelt, um seine edelsten Züge herauszuarbeiten.

Tante Isa

Auch andere Persönlichkeiten aus Leetz sehe ich jetzt in einem anderen Licht als früher, besonders Tante Isa von Ungern, die damals im Feuer der verwandtschaftlichen Kritik stand. Ich ahne jetzt, daß in ihrem Leben viel Tragik war, aber auch Größe in der Art, wie sie das trug. Sie war ein Original, ganz anders als alle anderen Menschen, und sie hatte den Mut, es zu sein. Im nahen Zusammenleben sind aber Originale meist nicht bequem.

Ihrem Gatten, dem Onkel Rudolf, verdankten wir als dem Besitzer von Leetz viel Freundlichkeiten. Er war sehr großzügig seinen Verwandten gegenüber, doch sahen wir ihn nur selten, denn er besaß außer Leetz noch eine ganze Reihe anderer Rittergüter und war daher oft abwesend. In den letzten Jahren seines Lebens war er viel krank und zog sich sehr zurück. Bei meinen Eltern fand er sich ab und an zum Abendbrot ein und saß dann ganz versunken an unserem Teetisch. Ich sehe ihn noch deutlich vor mir mit seiner mächtigen Gestalt, dem langen, blonden Vollbart und dem zur Seite geneigten Kopf. Mit seinen gütigen Augen sah er mich manchmal sehr nachdenklich an, es war, als ob eine leise Traurigkeit über ihm läge. Meist sprach er kein Wort. Nur manchmal entschloß er sich, auf unser Bitten hin, von seinen Abenteuern in Südrußland zu erzählen, wo er als junger Mensch beim Bau einer Eisenbahn beschäftigt gewesen war. Das war dann jedesmal höchst spannend. Gelegentlich kam uns auch eine Ballade oder ein Gedicht von ihm von großer poetischer Schönheit in die Hände und ließ uns ahnen, daß in diesem schweigsamen Manne eine einsame Dichterseele wohne.

Auch Tante Isa mag oft innerlich einsam gewesen sein, einsam wie Menschen, die anders sind als andere. Doch verstand sie es, ihr Leben mit geistigen Werten auszufüllen. In Reval umgab sie sich mit einem schöngeistigen Kreise. Sie hatte Leseabende, zu denen sie Herren und Damen aus der Stadt heranzog, die ihre Interessen teilten. Ganz besonders widmete sie sich der Graphologie und leistete so Erstaunliches in der Beurteilung von Handschriften, daß sie zur Vizepräsidentin der graphologischen Gesellschaft in Paris gewählt wurde, ein Posten, den sie bis zu ihrem Tode mit großem Erfolg bekleidet hat. Dieser Arbeit gehörte ihr Vormittag. Niemand durfte sie vor zwei Uhr mittags stören, kein noch so außergewöhnlicher Besuch.

Dieser eisernen Konsequenz, über die manchmal gespöttelt wurde, verdankte sie ihr großes Wissen und ihre Erfolge auf diesem Gebiet. Als ich mich verlobte, bot sie mir an, Traugotts Handschrift zu analysieren. Ich nahm das freundlich gemeinte Angebot, meinen Verlobten unter ihr Seziermesser zu geben, aber nicht an, ich wußte selber, was ich an ihm hatte.

Bei aller Gelehrsamkeit war Tante Isa eine peinlich genaue Hausfrau. Ihr Wäscheschrank war ein Muster der Ordnung. Morgens früh gab sie alles zum Essen Nötige der Köchin heraus.

Auf Abwechslung im Essen gab Tante Isa gar nichts. Um sich möglichst wenig Kopfzerbrechen über diese Dinge zu machen, hatte sie ein eisernes Menu. Einmal äußerte sie, wie sehr sie es begrüßen würde, wenn man durch das Schlucken einiger Pillen die zeitraubenden Mahlzeiten ersetzen könnte.

Um die Mode kümmerte sie sich nicht, sie ging auch darin ihre eigenen Wege. Doch blieb sie immer eine königliche Erscheinung. Da sie das Altgermanische hervorzuholen suchte, was sie in der Ausmerzung aller Fremdwörter bekundete, mußten ihre Söhne ihr blondes Haar langherabfallend über die Schultern tragen wie die alten Germanen. Sie ernteten natürlich in der Schule manchen Spott dafür, aber wie ihre Mutter setzten sie sich vorbildlich darüber hinweg.

Mehrere Wochen im Jahr verbrachte Tante Isa regelmäßig in Weimar. Dort, wo man Goethe und Schiller verehrte, war ihre geistige Heimat. Dort hatte sie auch ihre Freunde, denn ihre eigenartige Persönlichkeit, die so völlig unbekümmert war um die Meinung der Welt, konnte nicht unbeachtet bleiben. – Mit den Vettern stand ich mich sehr kameradschaftlich und war oft bei Ungerns eingeladen.

Oft erschien ihr Diener vormittags bei uns und meldete die

Frau Baronin zum Abendessen an. Dann mußte ihr Kutscher anspannen, und sie kam in geschlossener Kutsche angefahren und wurde nach zwei Stunden ebenso wieder abgeholt. Dabei lagen unsere Häuser dicht nebeneinander, und es handelte sich nur um wenige Schritte. Zu diesen Abenden brachte sie immer einen Beutel Flickwäsche mit und stopfte mit großer Ausdauer die kleinsten Löcher an Tisch- und Handtüchern.

Diese Verbindung von Gelehrsamkeit, geistigem Höhenniveau und großer Hausfrauentreue und Ordnung im Kleinen, bewundere ich nachträglich an ihr, ebenso ihr absolutes Freisein von dem Urteil der Menschen. Wohl gab sie dadurch viel Anstoß, aber es war doch ein Zeichen ihrer inneren Unabhängigkeit. Auch enthielt sie sich allen Klatsches. Fast nie hörte man ein schlechtes Urteil über andere Menschen von ihr.

Hoher Besuch

Im Sommer 1902 brachte die Begegnung zwischen Zar Nikolaus II. und Kaiser Wilhelm II. alle Kreise in Stadt und Land in Bewegung. Der wunderbare Schmuck der ganzen Stadt, das Einlaufen der Kriegsschiffe beider Nationen auf der Reede von Reval, boten ein herrliches Schauspiel. Auch wir waren hingefahren, um uns das anzusehen. Wie sehr hoffte man, daß diese Begegnung der beiden Herrscher die Beziehungen der beiden großen Völker befestigen und dem Frieden dienen würde.

Auch im kleinen Baltischport lagen im Sommer viele deutsche und russische Kriegsschiffe auf der Reede, darunter auch öfters die Kaiserliche Yacht »Standard«.

Eines schönen Sommertages erschien ein junger russischer Großfürst mit seinem Adjutanten im Gutshaus von Leetz. Tante Isa war gerade im Begriff, auf das benachbarte Gut P. zum Nachmittagskaffee zu fahren. Da sie an einmal gefaßten Tagesplänen eisern festzuhalten pflegte, fiel es ihr gar nicht ein, des hohen Besuches wegen ihre Fahrt aufzugeben. Sie trat den beiden Herren auf der Freitreppe ihres Hauses entgegen, legte den Finger auf den Mund und ermahnte sie, leise zu sein, da der Hausherr leidend sei und gerade schliefe. »Pst, pst! Mein Mann schläft!«, dann gab sie ihren zwölf- und dreizehnjährigen Söhnen Baldur und Rolf Anweisung, wohin sie die Gäste zu führen hätten und glaubte wohl, noch ein übriges zu tun, indem sie ihnen die Erlaubnis gab, ins Treibhaus zu gehen und dort Weintrauben zu essen. Dann fuhr sie davon.

Baldur und Rolf entledigten sich ihres ehrenvollen Auftrags, indem sie nach Jungenart tollend dem Großfürst auf den Rücken sprangen, und als dieser auf dem Spaziergang umkehren wollte, protestierten: »Mama hat aber gesagt, daß wir noch weiter gehen sollen!«

Als die Leetzsche Verwandtschaft von dem, wie sie fürchteten, verunglückten Besuch erfuhr, war sie entrüstet. Der Großfürst schien es aber nicht übel genommen zu haben, vielleicht hat ihn die originelle Art dieses Besuches belustigt. Jedenfalls lud er die Ungernschen Kinder zum nächsten Tag zu einem Besuch auf sein Kriegsschiff ein, und dieser Einladung folgten sie höchst vergnügt in Begleitung ihrer beiden Kindermädchen, die sich eine solche Ehre wohl nicht hatten träumen lassen.

Bei einem anderen Kaiserbesuch zeigte sich aber Tante Isa der Lage durchaus gewachsen. Ganz unerwartet sprengte wieder an einem schönen Sommernachmittag ein Reiter heran und meldete im Gutshaus: »Seine Majestät Zar Nikolaus II. hätte sich zu Fuß von Baltischport nach Leetz aufgemacht, in Begleitung seiner Töchter und eines Gefolges von etwa zwanzig Personen, sie würden gleich eintreffen. Auf der schnurgeraden Straße sah man bereits den Staub aufwirbeln. Tante Isa hatte kaum Zeit, einige

Anweisungen zu geben, und eilte dann dem Zaren entgegen. Bei der Begrüßung sagte sie ihm gleich, er möchte entschuldigen, wenn sie aus Unkenntnis gegen die Etikette verstieße, worauf der Zar antwortete, von der Etikette halte er selber nicht viel, die sei nur noch am spanischen Hof üblich.

In Eile war der Kaffeetisch auf dem Balkon gedeckt worden. Herrliche Rosen und Erdbeeren aus dem Garten standen auf dem Tisch, und die beliebten Kümmelkuckel (Wecken) hatte man aus der benachbarten Villa Samson geholt, wo sie täglich gebacken wurden und gerade frisch aus dem Ofen kamen. Die Tafelrunde, an der außer Tante Isa auch unsere Cousine Amalie von Stern teilnahm, verlief sehr fröhlich. Der Leibarzt des Kaisers erzählte allerhand lustige Geschichten, und der Zar genoß sichtlich das ungezwungene Beisammensein. Tante Isa war in solchen Fällen niemals verlegen. Sie unterhielt ihre Gäste aufs beste in geistreicher Weise.

Nach dem Kaffee führte sie die ganze Gesellschaft an die schönsten Stellen des Strandes, und als sie sich dort auf Granitblöcken niedergelassen hatten, sagte der Zar zu seiner Tochter: »Tatjana, nun knips.« Das Foto, das damals gemacht wurde, zeigt den Zar, Tante Isa und Amalie von Stern am Leetzschen Strand und wurde Tante Isa später von Petersburg aus übersandt. Am folgenden Tage aber überbrachte schon ein Bote ein großes Bild des Zaren mit seiner eigenhändigen Unterschrift als Dank für den schönen Nachmittag, wie er ihn vielleicht selten ohne jedes Zeremoniell anderswo erleben konnte.

Es ist zutiefst tragisch, daß dieser menschlich so liebenswürdige Zar und ein ganzer Teil der ihn begleitenden fröhlichen Gesellschaft, darunter auch der Leibarzt, auf so grausame Weise ums Leben gebracht worden sind.

Übrigens waren auch bei diesem harmlosen Besuch große Vorsichtsmaßregeln getroffen worden, die aber den meisten verborgen blieben. Ich kam an dem Nachmittag ahnungslos an dem Gutshause vorbei und war ganz erschrocken, hinter verschiedenen Bosketts unheimliche Gestalten zu sehen, die unauffällig, aber lauernd um die Ecke schielten.

Das Ende von Leetz

Seit ich, von 1919 an, als Witwe mit meinen Kindern in Deutschland lebte, überfiel mich jedes Frühjahr in den hellen Juninächten eine heiße Sehnsucht nach Leetz. Leetz ist nicht nur das Land meiner Kindheit, es ist auch mit den glücklichsten Stunden meiner Jugend und meiner Ehe verknüpft. Hier haben Traugott und ich eine wunderbar schöne Verlobungszeit verbracht, hier haben wir als Eheleute mit den Eltern jeden Sommer herrliche Wochen verlebt, immer mit Sehnsucht von ihnen erwartet und aufs liebevollste aufgenommen. Erst nachträglich ist mir klar geworden, wie großzügig diese Gastfreundschaft war, denn allmählich wuchs unsere Familie auf 6 Personen an, dazu kamen noch eine Erzieherin und ein Kindermädchen, so daß wir zu acht Personen zwei Monate lang bei den Eltern zu Besuch waren. Wir durften uns an den gedeckten Tisch setzen, und ich brauchte mich weder um den Haushalt noch um die Küche zu kümmern. Wo ich einst als Kind gespielt hatte, da spielten nun unsere Kinder im weichen Sande und genossen das schöne Strandleben in vollen Zügen.

Erst der Weltkrieg setzte dem schönen Sommerleben in Leetz, wie so vielem anderen, ein Ende, und als endlich Friede wurde, waren die liebsten Menschen, die für mich dahin gehörten, meine Mutter, mein Mann und meine Schwester tot. Ich selber führte ein Flüchtlingsdasein in der Fremde und hatte nicht mehr die Mittel zu einer Heimatreise. Aber als nach zehn Jahren mein

Sehnsuchtstraum nach einem Wiedersehen mit Leetz sich doch erfüllte, war ich erschüttert über die Veränderung, die mit diesem lieben Ort vor sich gegangen war. Die Wege vergrast und zugewachsen, alles einst so schön Gepflegte verkommen! Seit Leetz enteignet und parzelliert war, hatte ja niemand mehr ein Interesse daran. Stacheldraht durchschnitt den Wald bis an den Strand und hinderte das Weiterkommen. Die stattlichen alten Bäume, die Tannen vor unserm Haus waren klein und dürr geworden, als schämten sie sich, uns so wieder zu begegnen. Die Villa unserer Eltern war abgebrannt! Nur noch ein Schutthaufen zeigte, wo sie gestanden hatte. An ihrer Stelle waren kleine Baracken errichtet, in denen einige Sommerfrischler hausten.

Traurig gingen wir weiter zum Sternschen Hause. Wir fanden von ihm nur noch die Umrisse, schwer erkennbar im wuchernden Grase. Leute aus der Umgegend hatten sich langsam Stein für Stein, Balken für Balken fortgeholt, bis nichts mehr übrig geblieben war.

Das Ungernsche Gutshaus war von einer hohen Mauer umgeben und sah drohend wie eine Festung aus, und man erzählte mir, es wohne darin ein Fremder, ein gefürchteter Mann. Nur das Samsonsche Haus stand noch äußerlich unverändert da. Die ehemalige Samsonsche Wirtschafterin, ein treuer und zuverlässiger Mensch, hatte es als Erbin der einstigen Besitzer, die alle tot waren, übernommen und darin eine Fremdenpension eingerichtet, in der auch wir in diesen Sommertagen unterkommen konnten. Die übrigen Gäste gehörten den verschiedensten Völkerschaften an. Da waren Finnen, Russen, Esten und Deutsche. Als abends eine Etage unter uns Kasatschok, ein russischer Nationaltanz, getanzt wurde und lauter Lärm zu uns hinaufdrang, mußte ich unwillkürlich daran denken, was wohl die einstige Herrin dieses Hauses, Tante Amalie, dazu sagen würde, sie, die vornehme und sittenstrenge Vertreterin einer so ganz anderen

Zeit! Gut, daß sie es weder vorauszusehen noch zu erleben brauchte.

Am Strande saßen auf unseren Lieblingsplätzen fremde Menschen, und die charakteristischen Granitblöcke, bei denen wir als Kinder gespielt, hatte man in kleine Stücke zerschlagen.

Nur das Meer war dasselbe geblieben. Es lag rätselvoll und melancholisch vor uns, und seine Wellen riefen mir leise plätschernd zu: »Vergangen und verweht ist alles, was du liebtest, alle, die hier einst geliebt und gelacht, geweint und gelitten haben, sind nicht mehr. Aber höre auf die Botschaft, die wir bringen:

> Alles vergehet, Gott aber stehet
> ohn' alles Wanken, seine Gedanken,
> sein Wort und Wille hat ewigen Grund.
>
> Sein Heil und Gnaden, die nehmen nicht Schaden,
> heilen im Herzen die tödlichen Schmerzen,
> halten uns zeitlich und ewig gesund.«

3. Kapitel

Verborgene Fäden

Verschieden sind die Wege, auf denen Gott den Menschen begegnet und sie zu sich ruft. Der eine weiß Tag und Stunde anzugeben, wo er herumgerissen wurde und Gott ihn fand. Der andere hört von klein auf Gottes Stimme und wächst allmählich durch mancherlei Führungen in eine tiefere Gemeinschaft mit ihm hinein. In beiden Fällen aber muß es einmal zu einer ganz bewußten Willensentscheidung kommen, zu einem festen ins Augefassen des Zieles, dem man zuschreiten will.

Wenn ich bisher mehr von vordergründigem Geschehen in meinem Leben berichtet habe, so will ich jetzt etwas sagen von diesem geheimnisvollen Gerufenwerden von Gott, das für meine innere Entwicklung von größter Bedeutung war und das wohl ein jeder, der ernstlich darüber nachsinnt, in seinem Leben entdecken wird.

Soweit ich zurückdenken kann, ist mir von frühester Kindheit an Gott begegnet. Er ist mir begegnet durch Menschen und Ereignisse, oft aber auch ganz unmittelbar in seinem Wort und durch die Stimme des Gewissens. Schon mit zwölf Jahren wünschte ich mir glühend ein Neues Testament, kann mich aber nicht erinnern, daß irgend jemand mich darin beeinflußt hätte, wagte ich doch kaum, diesen Wunsch meiner Mutter zu sagen in der Befürchtung, sie würde mich für viel zu unreif halten. Dennoch waren gewiß meine Eltern maßgeblich daran beteiligt, aber weniger durch ihr Reden, denn sie machten nicht viel Worte, als durch ihre eigene Liebe zum Worte Gottes und den Geist, der dadurch in ihrem Hause herrschte. Ich sehe noch meinen

Vater vor mir mit seinem ergrauten Haar und Bart, wie er, im Lehnstuhl sitzend, zu der alten, schweinsledernen Bibel griff, uns die Abendandacht vorlas und mit dem Vaterunser schloß. Es war so viel selbstverständliche Ehrfurcht darin, die sich unwillkürlich auf mich übertrug.

Gott war mir schon damals eine Wirklichkeit, ja, die stärkste Autorität in meinem Leben. Aber zugleich trat mir auch schon eine andere unsichtbare Macht entgegen, die mich vom Gebete abzuhalten suchte. Ich wollte abends beten, ja, ich konnte nicht einschlafen, ehe ich gebetet hatte, aber tausend abwegige Gedanken stürmten auf mich ein und suchten es zu hindern. Darüber wurde es manchmal tiefe Nacht. War ich aber wirklich einmal ohne Gebet eingeschlafen, so wachte ich regelmäßig auf, geweckt von einer unsichtbaren Hand und mußte es nachholen. Dieser Kampf bedrängte mich, ohne daß ich mir tiefere Gedanken darüber gemacht hätte.

Eine erste Gebetserhörung erlebte ich als Kind auf unserem Landgut in Wahhast. Ein Raubvogel räumte unter den Singvögeln unseres Gartens auf. Heiß hatte ich um seinen Tod gefleht. Als ich am andern Morgen hörte, daß unser Förster ihn erlegt hätte, war ich überglücklich über die Rettung der kleinen Vögel, wußte aber zugleich von jetzt ab, daß Gott Gebet erhört. Vielleicht lächelt mancher darüber, aber meine Erfahrung ist es auch im späteren Leben gewesen, daß nichts den Glauben an den lebendigen Gott so stärkt wie gerade die Erhörung in den kleinen Dingen des Alltags.

Das gewünschte Neue Testament hatte ich zu Weihnachten erhalten. Meine Mutter hatte Psalm 32 Vers 8 hinein geschrieben: »Ich will dich unterweisen und dir den Weg zeigen, den du wandeln sollst, ich will dich mit meinen Augen leiten«, ein Wort, das sich in meinem Leben besonders bewahrheiten sollte. Ich las nun jeden Abend in dem kleinen Buch, ganz unsystematisch und

53

ohne Zusammenhang und liebte vor allem die dickgedruckten Stellen und die Psalmen. Meine Schulkameradin Natalie von Weymarn und ich schrieben uns gegenseitig die Sprüche auf, die uns besonders lieb waren, und in unserem kleinen Schulkreise beschenkten wir vier Mädel uns untereinander mit der »dreifachen Schnur«, einem fein zusammengestellten Büchlein, das für jeden Tag des Jahres drei Bibelsprüche brachte, Lehre, Verheißung und Gebet. Es lag auch auf dem Nachttisch meiner Eltern, und mich hat es später in meine Ehe begleitet. Ich las es jeden Abend mit meinem Mann, und es war merkwürdig, wie oft es das passende Wort zu den Ereignissen des Tages enthielt.

Es wäre aber ganz falsch zu denken, wir hätten uns als Kinder über religiöse Fragen unterhalten. Wir hatten im Gegenteil eine Scheu, von diesen Dingen zu sprechen. Dies geschah nur ausnahmsweise und meist abends, wenn man einmal im gleichen Zimmer schlief. Dieses innere Leben war ein verborgenes Heiligtum, das man nicht gerne andern Menschen zeigen mochte. Meine Mutter hat es, wie ich später merkte, vermißt, daß ich fast nie mit ihr darüber sprach. Ich war als Kind still und verschlossen, hörte aber gespannt zu, wenn sich die Erwachsenen unterhielten, und nahm in der Stille meines Herzens leidenschaftlich Stellung für oder wider das Gehörte.

Tiefen Eindruck hat mir ein Gespräch gemacht, das ich, unbeachtet von den Erwachsenen, mit anhörte. Ein junger Mann, der zum Abendessen bei uns war, unterhielt sich lebhaft mit meinen Eltern und griff mit Leidenschaft den christlichen Glauben an. Er setzte ihm die Weltanschauung Buddhas und Nietzsches als die einzig wahre entgegen. Die Festigkeit, mit der meine Eltern ihm antworteten und auch nicht ein Tüpfelchen ihres christlichen Glaubens preisgaben, hat sich mir unauslöschlich eingeprägt und eine tiefere Wirkung auf mich gehabt als viele Predigten.

Solche und ähnliche Gespräche wurden damals oft geführt. Es war die Zeit, als die liberale Theologie schon manche Stützen des Glaubens erschüttert hatte. Im ganzen war aber Reval eine sehr kirchliche Stadt und hatte gute und treue Seelsorger, deren Gottesdienste stark besucht waren. Meine Eltern fehlten nie ohne Grund in der St. Olaikirche, deren hohe, gotische Hallen sonntäglich gefüllt waren von einer großen, andächtigen Gemeinde. Hier fühlte auch ich mich schon vor meiner Konfirmation heimisch, spürte ich doch unbewußt, daß mir hier der lebendige, heilige Gott in seinem Wort begegnete. Es war kein umstürzender, aber ein ständiger, stiller Einfluß, der von da auf mich ausging, und die Tatsache, daß Predigt und Kirchengebet mir manchmal zu lang waren, änderte daran nichts.

Daneben haben einzelne christliche Persönlichkeiten stark auf mein religiöses Leben eingewirkt. Es waren Menschen, über denen unsichtbar das Wort stand: »Ich lebe, doch nun nicht ich, sondern Christus lebt in mir.« – Zu denen gehörte meine Taufpatin, Anna von zur Mühlen. Sie war die Mutter meiner sehr geliebten Cousine Eva. In diesem Verwandtenhause fühlte ich mich stets unendlich wohl. Von der Tante ging ein stiller Gottesfrieden aus, sie lebte in ihm. Das besonders Anziehende an ihr war, daß ihre tiefe Frömmigkeit sich verband mit einer sehr menschlich natürlichen Art. Sie hatte einen prächtigen Humor, und ihre launigen, originellen Aussprüche wirkten erheiternd und erfrischend. Sie betätigte sich auch schriftstellerisch, aber unter einem streng gewahrten Pseudonym. So ahnte ich gar nicht, daß das kostbare, kleine Spruchbüchlein »Antwort aus dem Herzen Gottes«, das mir Eva schenkte, sie zur Verfasserin hatte. Antwort aus dem Herzen Gottes erhielt man so manches Mal, wenn man mit ihr sprach.

Mir, als ihrem Patenkinde, kam sie mit besonderer Liebe und Wärme entgegen. Aber sie warnte mich auch, wenn sie meine

Seele in Gefahr glaubte. Sie nahm ihr Patenamt ernst und hat gewiß oft für mich gebetet. Ich erwiderte das mit Vertrauen.

Vor meiner Konfirmation, der ich mit etwas Bangen entgegensah, vor allem dem anschließenden, noch so fremden Abendmahlsgang, hat sie mir entscheidend geholfen. Als ich in meiner Verzagtheit zu ihr kam, sagte sie mir: »Du darfst so freudig zur Konfirmation und zum Abendmahl gehen wie eine Braut zu ihrer Hochzeit.« Daran habe ich in meinem späteren Leben oft denken müssen. Das Abendmahl wurde mir mehr und mehr die große, frohe Einladung zum Tische Gottes, in seine Gemeinschaft und die der vor uns vollendeten Heimgegangenen.

Die ganze Handlung der Konfirmation aber rauschte doch wie ein Traum an mir vorbei, und es tat mir gleich darauf sehr leid, daß ich nur mechanisch und nicht mit vollem Bewußtsein das Glaubensbekenntnis mitgesagt hatte. Daher war ich sehr erfreut, als in dem darauffolgenden Gottesdienst der stillen Woche das Glaubensbekenntnis von der ganzen Gemeinde mitgesprochen wurde, was sonst gar nicht üblich war. Es war mir, als könnte ich damit mein Bekenntnis erst wirklich vor Gott und Menschen ablegen.

Bei der Konfirmation gab mir der Pastor den Einsegnungsspruch Johannes 15, 16: »Ihr habt mich nicht erwählt, sondern ich habe euch erwählt und gesetzt, daß ihr hingehet und Frucht bringet und eure Frucht bleibe, auf daß, so ihr den Vater bittet in meinem Namen, er es euch gebe.« Ich war zuerst enttäuscht. Viel lieber hätte ich einen der bekannten Kernsprüche gehabt. Aber wieviel hat mir gerade dieses Wort in meinem späteren Leben bedeutet. Es wurde auch mein Trautext und ist mir oft Wegweiser und Trost gewesen.

Einen entscheidenden Einfluß hat auf mich mein Religionslehrer, Pastor Bergwitz, gehabt, ein kluger bedeutender Mann, aber wegen seines leichten Sarkasmus' nicht bei allen Kameradinnen beliebt. Vielleicht ging sein Unterricht manchmal über die Köpfe hinweg, auch lag seine Stärke nicht in der Vermittlung des Wissensstoffes, denn ich habe darin merkwürdig wenig bei ihm gelernt. Aber er förderte mich in der Erkenntnis, und seine tiefe Ehrfurcht vor der Heiligen Schrift, seine überragende und doch so fest im Glauben stehende Persönlichkeit ließen meinen bisherigen Kinderglauben zu einer bewußten Überzeugung werden. Besonders danke ich ihm, daß er uns mit den Einwürfen gegen den christlichen Glauben bekannt machte, uns zugleich aber auch das Rüstzeug dagegen vermittelte. So wurde man gewappnet für die Anfechtungen späterer Jahre und den Kampf des Glaubens, der niemandem ganz erspart bleibt, der es ernst damit nimmt.

An mich traten diese Anfechtungen durch die Bibel selber heran. Unser Pastor hatte uns in unserem Konfirmandenunterricht geraten, die ganze Bibel, vom Anfang bis zum Ende, durchzulesen. Das tat ich, kam aber bald im Alten Testament an Stellen, die mir unverständlich waren. Die Grausamkeit, mit der die heidnischen Völker von den Israeliten ausgerottet wurden, bildete einen schweren Anstoß für mich und besonders die Tatsache, daß Gott selber den Befehl dazu gab. Dies schien mir unvereinbar mit seiner Liebe. Erst viel später erkannte ich, daß es Gerichte Gottes waren über Völker, mit denen er unendlich lange Geduld gehabt hatte, deren Maß jetzt aber voll war.

Man kann sich nur mit Zittern fragen, ob dies nicht auch heute der Fall ist, wo die christlichen Völker immer und immer wieder von Gott abfallen und nicht Buße tun, obgleich er so gewaltig ernst durch seine Gerichte zu uns spricht. Er ist eben ein heiliger Gott, der seiner nicht spotten läßt. Aber die tiefste Gesinnung seines Herzens, auch einer abgefallenen Menschheit gegenüber, offenbart uns das Wort des Propheten Hesekiel »Meinst du, daß ich Gefallen habe am Tode des Gottlosen, spricht der Herr Herr und nicht vielmehr, daß er sich bekehre von seinem Wesen und lebe?«

Aber diese Schau fehlte mir damals noch. Mein Glaube kam ins Wanken, und ich litt tief darunter. Leider kam ich gar nicht auf den Gedanken, mich mit einem gegründeten Christen auszusprechen. Unser Pastor hätte mir gewiß helfen können ebenso meine Mutter oder auch meine Taufpatin. Statt dessen verschloß ich angstvoll die ganze innere Not in meinem Herzen. Nur meinem Tagebuch vertraute ich sie an, in einem verzweifelten Sehnsuchtsschrei nach dem Gott, der mir zu entschwinden drohte und von dem ich doch nicht loskam. Es ging mir mit ihm wie mit einem Menschen, den man als absolut vertrauenswürdig kennengelernt hat und von dem man sich auch dann nicht abwendet, wenn er einmal etwas tut, was man nicht versteht.

Es war aber vor allem Gott selber, der mich festhielt und mich nicht fallen ließ, als auch Versuchungen anderer Art an mich herantraten. Manchmal kam es vor, daß mir beim Blättern in einem unbekannten Buch ganz zufällig eine Stelle in die Augen sprang, die mich am Gewissen packte und einer Sünde überführte. Ich empfand dann sofort, daß dies kein Zufall war, sondern daß eine höhere Macht über mir wachte und mich warnte.

Meine Mutter war zeitweilig besorgt um mich, als sie merkte, wie stark der Drang nach Jugendlust und Jugendfreude in mir war. Sie fürchtete nicht mit Unrecht, daß ich diese Welt zu lieb gewänne. Eines Abends fand sie mich in meine Bibel vertieft, wie ich mich gerade auf den Abendmahlsgang am folgenden Bußtag vorbereitete. Da sie wußte, daß ich in derselben Woche an einer Festlichkeit mit Tanz teilnehmen wollte, fragte sie mich erstaunt: »Wie kannst du nur das alles vereinigen?« Meine Antwort war: »Wenn ich es nicht könnte, dürfte ich überhaupt nicht zum Tanze gehen.« Ob ich damit recht hatte, bleibe dahingestellt. Zur Erklärung möchte ich aber sagen, daß unsere damalige

Geselligkeit sich innerhalb eines geschlossenen Kreises bewegte. Es waren Söhne und Töchter bekannter Familien, mit denen man, soweit ich es erlebt habe, in harmloser Weise fröhlich war. Als ich viele Jahre später einmal in ein öffentliches Tanzlokal geriet, wurde mir sofort klar, daß ich in die dort herrschende schwüle Atmosphäre als Christ nicht hingehörte.

Eine wieviel stärkere Rolle der christliche Glaube damals im öffentlichen Leben spielte als heute, wird mir an folgender Erinnerung klar:

In Reval fanden die großen Adelsbälle nur einmal im Jahre statt, und zwar Anfang März, weil dann alle Gutsbesitzer zu Terminzahlungen zur Stadt kommen mußten. Im März aber war Passionszeit. Ich hatte anfangs keinen Anstoß daran genommen, bis eines Tages meine schon erwähnte Taufpatin mir ins Gewissen redete. Sie sagte: »Wenn ein Angehöriger stirbt, so hältst du die Trauerzeit ein, und Jesus Christus willst du diese Ehre nicht erweisen?« Das traf und beschämte mich. Bald darauf reichte der General von Weymarn, ein ernster Christ, der sich erst seit kurzem in unserer Stadt niedergelassen hatte, dem zum Landtag versammelten Adel einen Antrag auf Einstellung der Bälle in der Passionszeit ein, da dieses sich »für Christen nicht zieme«. Als mein Vater von dieser Sitzung heimkam, stürzten wir jungen Menschen ihm entgegen: »Was habt ihr beschlossen?« »Der Antrag ist angenommen«, sagte mein Vater, »die öffentlichen Bälle dürfen in der Passionszeit nicht mehr stattfinden.« Und wir stimmten ihm zu, sagte uns doch das Gewissen, daß dies die richtige Entscheidung gewesen war. Freilich weiß ich heute, daß dies nicht zu überschätzen ist, denn mit Wahrung der äußeren Form war ja durchaus nicht gesagt, daß nun die Passionszeit auch wirklich von uns in der rechten sinnvollen Art begangen wurde, und darauf kommt es doch schließlich an.

Eine Gefahr für meinen inneren Menschen war es, daß ich

keine festen, mich fordernden Pflichten hatte, denn es war damals leider noch nicht üblich, daß junge Mädchen aus unserem Stande einen Beruf ergriffen und sich darauf vorbereitet hätten. Wohl fehlte es mir weder an Beschäftigung noch an Abwechslung. Ich nahm Klavier- und Malstunden, besuchte literarische und kunstgeschichtliche Vorträge, nahm teil an einem Kochkursus, unterrichtete auch eine Zeitlang zwei arme Kinder, die nicht zur Schule konnten, aber das alles war mehr Spielerei, und es kam auch nicht viel Gescheites dabei heraus. Im Hause war meine Hilfe nicht nötig, denn wir hatten genug Personal, und sie schätzten es nicht einmal, wenn man sich in ihr Revier mischte. Die großen Gesellschaften, auf die ich mich im voraus sehr freute, hinterließen aber in den meisten Fällen nur ein Gefühl der inneren Leere. Sie machten meine Seele nicht satt.

So blieb ich im Grunde meines Herzens tief unbefriedigt und suchte nach einem Gegengewicht. Das war es, was mich ins Haus des Pastors der St. Olai-Gemeinde zog, und zwar zunächst in erster Linie zu seiner schwer leidenden, an den Rollstuhl gefesselten Frau. Sie empfing mich stets mit herzgewinnender Freundlichkeit und war trotz ihrer Schmerzen von großer geistiger Frische. Hier sah ich zum erstenmal, wie durch die Kraft des Glaubens der Geist über einen kranken Körper triumphieren kann. Jedem, der sie besuchte, brachte sie warme Anteilnahme entgegen, und in ihren schlaflosen Nächten trug sie viele Anliegen der Menschen, die ihr anvertraut wurden, vor Gottes Thron. Auch für mich war jeder Besuch bei ihr eine innere Bereicherung. Für die älteste Tochter, die in meinem Alter stand, hegte ich eine besondere Zuneigung, nicht ahnend, daß ihr ältester Bruder einst mein Gatte werden würde. Ihn traf ich eines Abends am Krankenstuhl seiner Mutter, und wir unterhielten uns gleich sehr eingehend über tiefgehende Fragen, wie sich das mit ihm, der ganz in der Welt Gottes wurzelte, von selber ergab. Da es schon dämmrig war, sah ich von seinem Äußeren nicht mehr, als daß er lang und blond war, aber er machte mir einen starken und anziehenden Eindruck, und ich kann nicht leugnen, daß ich in der Folgezeit eine Einladung ins Hahnsche Pfarrhaus besonders gerne annahm und stets von einem solchen Abend viel mitnahm. Doch kam dies nur selten vor, vielleicht zweimal im Jahr.

Viel verdanke ich der Mitarbeit im Kindergottesdienst. Ich hatte mich bei der Domkirche als Helferin gemeldet, weil dort Gruppensystem war, während in der Olaikirche Pastor Hahn die Katechese selber hielt. Die eingehende Vertiefung in die Bibel, die nötig war, um sie den Kindern lebendig und fruchtbar für ihr Leben zu machen, brachte mir selber den größten Gewinn.

In jener Zeit begegnete ich Fräulein Kari von Dellingshausen, einer jener seltenen Persönlichkeiten, von denen verborgene Segensströme ausgehen. Sie stand der Gemeinschaftsbewegung nahe, welche öfters Männer wie Baedecker und Ströter und andere bekannte Evangelisten in ihre Versammlungen berief. Die Pastoren verhielten sich zurückhaltend dazu. Sie befürchteten Sektiererei, doch blieben diese Kreise der Kirche treu und bildeten ein befruchtendes Element in ihr. Fräulein Kari von Dellingshausen und andere mit ihr, taten in der Stille unendlich viel Gutes. Sie gaben den Menschen nicht nur äußere Hilfe, sondern übten auch Seelsorge aus. Das war, ohne daß eine Organisation dahinter stand, im wahrsten Sinne des Wortes »Innere Mission«. Für ihren »Jungfrauenverein«, in dem sie sonntags in einer Vorstadt Revals berufstätige Mädchen sammelte, um sie den Gefahren der Großstadt zu entziehen, ließ auch ich mich zur Mitarbeit anwerben.

All dies gab meinem Leben Inhalt, es waren verborgene Fäden, mit denen mich Gott in einer bestimmten Richtung festhielt und leitete. Aber das tiefste Gotterleben hatte ich nicht auf dem

Gebiet eigener, kirchlicher Betätigung, sondern auf einer ganz anderen Ebene. Wo Gott mir heiße Wünsche versagte, vollzogen sich Lösungen vom allzu Irdischen und dort, wo ich nach manchem Fallen und Verschulden den Weg zurückfand an das Vaterherz Gottes, erlebte ich seine Wirklichkeit und seine Liebe wie sonst nirgends.

Aber dies sind Dinge, die man nicht vor Menschenaugen ausbreitet, sondern die *Geheimnis* bleiben zwischen Gott und der Seele.

✳

Einiger Familienereignisse, die eine tiefe Spur in meinem Leben hinterlassen haben, möchte ich noch gedenken. Es ist der Tod meiner Eltern und das tragische Schicksal meines Bruders Udo und seiner Frau Elisabeth.

Udo war vielleicht der Begabteste unter uns Geschwistern und beliebt, wo er auch hinkam. Aber sein Werdegang verlief nicht in den damals üblichen Bahnen. Ihm, dem einzigen Sohn, ermöglichten die Eltern auf seinen Wunsch ein Studium im »Ausland«, d. h. nicht an der Landesuniversität Dorpat, sondern in München und Freiburg i. Br. In Freiburg promovierte er in Nationalökonomie und dort begegnete er auch der Frau, die seine große Liebe wurde: Elisabeth von Gayling-Altheim, die mit ihrem verwitweten Vater auf Schloß Ebnet wohnte. Sie war der anziehende Mittelpunkt für einen Kreis von Studenten, die sich bei ihr zum Tennisspiel trafen. Unter ihnen war auch Udo, auf den Elisabeth vom ersten Tage an einen tiefen Eindruck machte. Sie erwiderte seine Neigung, aber ihr Vater wollte seine einzige Tochter nicht in das abgelegene, im Winter so kalte Estland ziehen lassen. Darum entschloß sich Udo, das Gut seines Vaters Wahhast, das er inzwischen schon bewirtschaftete, zu verpachten. Stattdessen übernahm er in Schweden das Gut Slatefors, wo seine Braut von seiten ihrer Mutter, einer geborenen Gräfin

Douglas, nahe Verwandte hatte. Hierzu gab der Vater seine Einwilligung.

Als Udos Vermählung im Frühjahr 1906 im Elternhaus der Braut in Ebnet stattfand, konnten unsere Eltern ihres hohen Alters wegen die weite Reise dorthin nicht machen. Doch wurde unsere Schwester Frieda, die diesem Bruder besonders nahestand, als Vertreterin der Familie nach Freiburg abgesandt.

Zu meiner großen Freude kamen die Eltern für diese Zeit zu uns nach Dorpat. Ich ahnte nicht, daß es des Vaters letzter Besuch sein würde. Aber er selbst muß es geahnt haben, denn – wie ich erst später erfuhr – hat er in jenen Tagen mit meinem Mann, seinem Schwiegersohn, ein seelsorgerliches Gespräch gehabt, aus dem hervorging, wie tiefgegründet im Glauben er diesem Abschied entgegen ging. Zugleich genoß er in jenen Tagen die Schönheit des Frühlings, denn es war Mai, und in Dorpat grünte und blühte es in allen Gärten.

Als Frieda aus Freiburg zurückgekehrt war, sah ich eines morgens meinen Vater in ihrer Begleitung von einem Spaziergang heimkehren und bewundernd vor unserem blühenden Tulpenbeet stillstehen. Plötzlich sank er zu Boden. Ich stürzte hinaus, aber erfaßte nur noch seinen ernsten, in weite Fernen schweifenden Blick. Sein Herz stand schon still. Gott hatte ihn zu sich gerufen.

Unsere Mutter litt schwer unter dem Verlust des geliebten Gatten. Dennoch blieb sie der Mittelpunkt der Familie. Ihre Briefe an uns waren herzerfrischend in ihrer Wärme und Teilnahme. Frieda, als einzige unverheiratete Tochter, blieb bei ihr. In den letzten Jahren war unsere Mutter durch ein Gichtleiden ganz an den Rollstuhl gefesselt und wurde von Frieda in nie ermüdender Liebe und Fürsorge gepflegt.

Aber eine ganz unerwartete Trennung unter schwersten Umständen stand ihnen noch bevor. Als im Verlauf von Krieg und

Revolution fast der ganze baltische Adel verhaftet wurde, holte man auch Frieda eines Nachts von der Seite ihrer schwerleidenden Mutter fort und brachte sie als »Gefangene« in einen Minenspeicher im Hafen. Dort fand sie schon viele Bekannte vor, darunter auch ihre Schwester Julie von Weymarn, die man ebenfalls von ihren Kindern getrennt hatte. Die gefangenen Frauen und Mütter haben sich mit großer Tapferkeit gegenseitig beigestanden. Mit Andachten, gemeinsamem Gesang, Vorträgen, halfen sie einander, diese Zeit zu überstehen. Schwer bangten die Zurückgebliebenen um sie, denn täglich wurde mit ihrer Verschleppung gedroht. Ein großer Teil der gefangenen Männer war bereits in Richtung Sibirien abtransportiert worden, darunter auch Bruno Weymarn, der Sohn meiner Schwester, der noch Schüler war.

Zur Verschleppung der Frauen kam es indessen nicht mehr. Nach Tagen heißer Angst wurden sie durch den Einzug der deutschen Truppen befreit. Es war eine Erhörung vieler Gebete. Wie atmete man auf! Aber für unsere alte und kranke Mutter war es zu viel an Aufregung gewesen. Wohl durfte sie tiefergriffen ihre Tochter noch einmal in die Arme schließen. Aber sie sehnte sich nach dem Heimgang in eine andere Welt, und Gott nahm sie ganz still im Schlaf zu sich.

An ihrem Sarge rief Traugott, der die Trauerfeier hielt, ihr in unser aller Namen Worte tiefen Dankes nach. Er sagte unter anderem: »Ihr Christentum war gereift und geläutert wie das Gold im Feuer in schwersten Erfahrungen. Sie war eine tief sittliche Persönlichkeit, ja sie war Euer Gewissen. Nie ließ sie es zu, daß etwas falsch war und nicht bereinigt wurde.« Im Blick auf ihr schweres Leiden schloß er mit Worten aus dem Buch der Weisheit: »Der Gerechten Seelen sind in Gottes Hand, und keine Qual rührt sie mehr an. Sie sind im Frieden (Weisheit, Kap. 3, 2–6. 9 a).

Udo war schon im Jahr 1914, kurz vor Ausbruch des Welt-krieges, an einem schweren, unheilbaren Leiden gestorben, von Elisabeth aufs treueste gepflegt. Als Traugott und ich ihn kurz vorher in Slatefors besuchten, standen wir erschüttert vor der Veränderung, die durch die Krankheit mit ihm vorgegangen war. Er aber deutete mit dem Finger auf die Bibel und sagte leise: »Da ist Trost!«

Seine sterbliche Hülle wurde nach Estland überführt und auf der Familiengrabstätte bestattet. Elisabeth kehrte als Witwe in ihr Elternhaus zurück und übernahm als Erbin das väterliche Gut Ebnet.

Ich kann nur mit größter Bewunderung an sie denken. Sie haderte nicht mit ihrem Schicksal, sie wurde nicht bitter, sondern widmete ihre ganze Kraft der Bevölkerung von Ebnet, verehrt und geliebt von allen. Was sie in der schweren Zeit des Zweiten Weltkrieges für die Bevölkerung von Ebnet bedeutet hat, gibt ein Nachruf der Freiburger Rundschau vom 13. Juni 1961 wie-der: »Eine vorbildliche Frau ... Mit ihr ist eine Persönlichkeit hingeschieden, die im sozialen und kulturellen Leben Großes ge-leistet hat ... In Anerkennung ihrer großen Verdienste wurde ihr 1949 das Ehrenbürgerrecht verliehen (der Gemeinde Eb-net) ... Obwohl sie Schloßherrin war und hohe Ämter beklei-dete, war sie die Einfachheit und Bescheidenheit selbst ...«

Aber damit habe ich weit vorgegriffen und kehre nun zurück zu den Anfangsjahren in Dorpat.

ZWEITER TEIL

4. Kapitel

Traugott Hahn

Eheglück

Eine glückliche Ehe! Geht nicht die Sehnsucht eines jeden jungen Menschenherzens nach dieser Ergänzung des eigenen »Ich« durch das »Du«? Auch ich sehnte mich danach, mein ganzes Herz, meine ganze Liebeskraft einem andern Menschen schenken zu dürfen. Aber es war mir zugleich klar, daß ich nur einem Mann die Hand zum Ehebund reichen könnte, der mit mir auf gleicher Glaubensgrundlage stünde. Mit jedem anderen wäre ich tief unglücklich geworden.

Dann schon lieber ehelos bleiben! Auch auf die unverheiratete Frau warten ungezählte Liebesmöglichkeiten und Liebesaufgaben, die das Leben reich und fruchtbar machen können.

Bis zum heutigen Tage aber erscheint es mir als eine unbegreiflich große, weil so völlig unverdiente, Gnade, daß Gott mein Gebet um einen solchen im Glauben an ihn stehenden Mann erhörte und mir in Traugott Hahn einen Ehegatten gab, der mir Führer und Vorbild sein konnte. Er war mir im Glauben, in der Liebe, Demut und Selbstlosigkeit weit voraus. Was ich ihm für mein inneres Leben verdanke, kann ich in Worten nicht ausdrücken. Es ist auch nicht erschöpft mit den 15 Jahren, die ich an seiner Seite leben durfte. Er hat mir noch nach seinem Tode durch das geschriebene Wort (seine Predigten) entscheidend geholfen.

»Es ist die Krone des Eheglücks«, sagte er selbst einmal in einer Traurede, »wenn beide Gatten sich treffen in der Liebe zu Gott. Da erst ist wirklich Gemeinschaft, ein Teilen auch des Tiefsten.«

Diese Gemeinschaft hatten wir. Sie gab uns das unbegrenzte und darum so beglückende Vertrauen zueinander. Nicht, daß wir keine Fehler aneinander gesehen hätten, aber der eine war der aufrichtigen Gesinnung des andern gewiß. Wir waren uns beide einig, daß nicht unser persönliches Wohl, sondern Gottes Wille für unser Wollen und Handeln entscheidend sein müsse. In der völligen Hingabe war mein Mann mir freilich weit überlegen. Ich lebte im Sonnenschein seiner Liebe, die mich aufs fürsorglichste und zarteste umgab. Dazu kam das große Erlebnis des Mutterglücks. Vier Kinder wurden uns im Verlauf der ersten elf Jahre geschenkt, Annemarie, Elisabeth, Wilhelm und Beate. Für meinen Mann und mich war jedes Kind eine Herzensfreude. Nie kann ich vergessen, wie glückselig er sein erstes Kind im Arme hielt und es immer wieder sein eigenes Herzenstöchterchen nannte. Dasselbe wiederholte sich bei jedem Kinde. Neben seinem tiefen Ernst war er ganz natürlich und konnte im Familienkreise kindlich fröhlich sein mit seinen Kindern. In der Erziehung war er sehr milde, es war ihm schwer, seine Kinder zu strafen, doch wirkte seine große Güte und der Ernst, mit dem er ihnen ins Gewissen reden konnte, mehr als Strenge. Sein größtes Anliegen war es, seine Kinder zum Heiland zu führen. Wenn er ihnen die biblischen Geschichten erzählte, war es ihm ein stets neues Erlebnis, wie einfach Kinder die großen Wahrheiten aufnehmen. Seine Kindergottesdienste wurden befruchtet von diesen Erfahrungen im eigenen Hause. Auch die Kirche verstand er seinen Kindern so lieb und heilig zu machen, daß es keine größere Freude und Ehre für sie gab, als ihn dorthin begleiten zu dürfen.

Es ist das Vorrecht der Pfarrfrau, daß sie an der Arbeit ihres Mannes teilnehmen kann wie kaum in einem andern Beruf, wenn es auch oft nur im Verborgenen und in der Stille geschieht durch Mittragen und Mitbeten. Traugott war es ein Bedürfnis, mit mir so manches zu besprechen, was sein Amt mit sich brachte: seine Predigten, die zu wählenden Predigttexte, sein Kolleg und anderes. Ausgenommen waren natürlich Beichtgeheimnisse. Wenn ich mich nicht gewachsen fühlte, ihm richtig zu antworten, versicherte er mir, daß ihm gerade an meinem laienhaften Urteil läge, denn das entspräche der Gemeinde, die ja auch nicht aus lauter Theologen bestünde. Auch wollte er durchaus nicht nur Zustimmung hören. »Du kannst gar nicht kritisch genug sein«, sagte er, »je mehr du es bist, desto lieber bist du mir.« Trotzdem bin ich heute der Überzeugung, daß es noch wichtiger ist, Mut zu machen. Zuviel Kritik läuft Gefahr, die Freudigkeit zu dämpfen und zu lähmen.

Manchmal waren wir über biblische Fragen sehr verschiedener Meinung, und jeder von uns verfocht seine Überzeugung mit Feuer, aber mit dem dringenden Wunsch der Einigung. Nach solch einem kleinen Streit schrieb Traugott mir einmal: »Verstehst du, daß es mich freut, wenn du manchmal anderer Meinung bist als ich? Ich will ja eine selbständige *mit* mir aber auch *neben* mir alles prüfende und überlegende Frau. Zwei Menschen, die sich in allen Hauptsachen so eins wissen und fühlen wie ich mit dir, brauchen kleine Differenzen nicht zu fürchten.«

Eine Gelegenheit zu eingehender Aussprache bot uns unser fast regelmäßiger Spaziergang nach dem Techleferschen Park, eine echt livländische Landschaft mit Feldern und Wiesen, durch die sich der Embach wie ein silbernes Band zog. Es war eine Erholung und Erquickung, mitten aus der Arbeit dort hinaus zu wandern, im Winter bei Eis und Schnee, im Frühling unter dem lichten Grün der Birken, wenn die Nachtigallen schlugen.

Abends, wenn Traugott nicht zu Sitzungen abwesend war, saßen wir beim Schein der Lampe in seinem Studierzimmer, er meist vertieft in sein Kolleg oder in seine Predigt, während ich ihm allerlei Schreibereien abnehmen konnte.

Haushalt und Küche überließ er mir ganz, denn auf diesem Gebiet hielt er sich für unpraktisch, jedoch gab er mir stets reichlich das nötige Geld. Wir lebten natürlich sehr schlicht, aber Traugott konnte sich so kindlich freuen über ein gutes Gericht, daß ich auch meine Freude daran hatte.

Zuzeiten war er sehr in sich versunken, dann drückten ihn schwere Beichtgeheimnisse, die er mir nicht sagen durfte, oder Mißverständnisse mit Kollegen, die leider auch in seinem Leben nicht ausblieben. Darüber sprach er nicht, sondern trug diese Nöte nur zu Gott.

In allen persönlichen Dingen aber herrschte große Offenheit zwischen uns. »Es ist etwas Großes«, sagte Traugott zu mir, »jemand zu haben, dem man nicht nur alles sagen darf, sondern auch sagen muß.« Es kam manchmal vor, daß er mit seinem zarten Gewissen mich abends um Verzeihung bat wegen einer Ungeduld, die ich nicht einmal bemerkt hatte.

Gemeinsam brachten wir täglich vor Gott, was uns bewegte. »Die Ehe ist mehr als Freundschaft, – eins sein«, schrieb Traugott mir einmal, und daß es so war, erfüllte uns beide mit tiefem Dank.

Traugott Hahn als Pastor und Professor

Als wir uns verlobten, war Traugott Hahn zum Prediger der Universitätsgemeinde in Dorpat gewählt worden. Zugleich war er Dozent an der Universität und erhielt einige Jahre später daselbst den Lehrstuhl für praktische Theologie. Dorpat hatte damals eine große Bedeutung für unsere evangelische Kirche, denn es war die einzige Universität im großen russischen Reich, die eine evangelische theologische Fakultät besaß. Hier erhielten daher sämtliche Theologen der evangelisch-lutherischen Kirche Rußlands ihre Ausbildung.

An dieser Stelle lasse ich einige zu Worte kommen, die Traugott Hahn als Prediger und Professor gehört haben.

»Hahns Vorlesungen waren von der Verantwortung getragen, seinen Studenten bei aller ernsten wissenschaftlichen Arbeit nicht nur Theologie zu bringen, sondern sie zu rechten Predigern des Evangeliums und Seelsorgern ihrer Gemeinde heranzubilden. Wie groß sein Einfluß auf diesem Gebiete war, darüber berichtete später ein Glied des estländischen Konsistoriums: Die meisten Theologiestudenten hätten in ihrem beim Examen einzureichenden Lebenslauf bezeugt, daß Professor Hahn einen entscheidenden Einfluß auf ihr inneres Leben gehabt habe. Einer von ihnen schrieb: Hahn verstand es, uns nicht nur mit Kenntnissen auszurüsten, sondern uns den Pastorenberuf groß und heilig zu machen. Er schärfte uns rastlos das Gewissen und stellte uns die ganze Last der Verantwortung vor Augen. Aber er machte doch wieder Mut, ins Amt zu treten und das Amt zu führen als Knechte Christi im Vertrauen zu dem, der die Arbeiter in seine Ernte ruft.«

»In besonders lichter Erinnerung sind mir Hahns Vorlesungen über die Heidenmission. Da war er mit ganzem Herzen dabei. Da wurde uns besonders klar: Das ist Jesu Sache. Wie lebendig konnte Hahn erzählen! Wie lebten vor unseren Augen auf die Riesen der Missionsgeschichte, z. B. Carey! Ja, Hahn konnte werben zur Missionsliebe, sein Feuer entzündete auch uns. Es war eben Zeugnis, wir erlebten es mit.«

»Bei Hahns Predigten war man immer durchdrungen von der Fülle wuchtiger Gedanken, die aus dem jeweiligen Text herausgeholt wurden. Das Wort Gottes sprach durch den Pastor zum

Hörer, so empfand man es – nicht aber der Pastor hätte das Treffende und Schöne über diesen Text gesagt ... Man fühlte, wie der Pastor selbst durchdrungen war von der Heiligkeit des Amtes, dessen er waltete, von der Heiligkeit des Wortes Gottes, das er auslegte.«

»Welch ein Segen ist mir in meiner fünfjährigen Studienzeit von Hahns Kanzel geworden! Professor Kählers Wort wurde wahr: Die rechte Theologie bilde sich nicht im Hörsaal, sondern unter der Kanzel. Und wie mir ist es vielen Kommilitonen gegangen ... Hier erst erkannte ich die Herrlichkeit des Hirtenamtes. Hier erst wurde aus dem Interesse für die Theologie – Sehnsucht nach dem kirchlichen Dienst. Das war Hahns Einfluß.«

In einem kleinen Heft hat Hahn seine Gedanken über die Predigtvorbereitung niedergelegt. Da heißt es unter anderem:

»Scharf exegetisch muß ich jeden Text durcharbeiten, auch ohne Kommentar die vorliegenden Bilder klarlegen. Nur ja nicht eine Sammlung von einzelnen Einfällen, sondern immer ein abgerundetes Ganzes und Einheitliches muß ich bieten. Die Form muß leicht und klar sein. Es gilt Tiefes recht schlicht, zum Teil in kurzen Sätzen, zu sagen. – Unter viel Gebet muß die Predigt entstehen. Was heißt Gott mich der Gemeinde sagen? So muß die Frage bei der Vorbereitung lauten.

Ich muß mit Gottes Hilfe suchen, die Gewissen zu erwecken, Herzen zur Bekehrung zu bringen, Seelen zum Frieden zu führen, sie in der Heiligung zu fördern, Geduld im Leiden und Sterbensfreudigkeit zu erzeugen. Dabei ist mehr auf Gewissen und Willen zu wirken als auf das Gefühl.

Ich habe durchaus *nicht mich* zu predigen, sondern Worte und Gedanken des Glaubens: nicht was ich erfahren, sondern was ich glaube.

Glauben zu erzielen, sei das A und O der Predigt und Seelsorge.«

Manchen Hörern waren Hahns Predigten zu ernst. Streng konnte er die baltischen Stammessünden und Standessünden geißeln. Aber er bat und flehte auch um Umkehr, und im Mittelpunkt seiner Verkündigung stand immer Christus und seine Bereitschaft zur Vergebung.

In der Seelsorge war er nicht aggressiv, aber er verstand es, zuzuhören, und man wußte, daß er das Gehörte betend vor Gott brachte. Das weckte Vertrauen. Als er in den letzten Jahren seiner Amtszeit neben seiner allgemeinen Sprechstunde noch eine besondere für Seelsorge einrichtete, war sie von vielen besucht und dauerte stets mehrere Stunden. Wie ernst er die Seelsorge nahm, zeigen folgende Aufzeichnungen, die er in stiller Stunde für sich selbst niedergeschrieben hat:

»Ich muß suchen, mehr Zeit und Kraft auf die Seelsorge zu verwenden und muß gewiß sein, daß dieses der Predigt mehr nützen wird als viele Ausarbeitungen. Das energisch festzuhaltende Ziel jeder Seelsorge ist, die Seelen zur Heilsgewißheit zu führen, sie darin zu erhalten und sie zu festigen. Nicht nur Erweckung, nicht nur Anregung. . . . Ich bin verantwortlich für die Seelen. Eine rechtzeitige Einwirkung könnte eine Verstockung verhindern. In dem Verhältnis dieser Seele zu Gott könnte ich gerade heute einen in Ewigkeit nicht gutzumachenden Schaden, ein Versäumnis mir zu Schulden kommen lassen.«

Schwerkranke besuchte er täglich trotz seiner großen Arbeitslast, und den Sterbenden stand er bei, indem er ihnen ein Gotteswort nach dem anderen zurief.

Obgleich Traugott Hahn viel Anerkennung und wirkliche Liebe in seiner Gemeinde erfuhr, so gab es doch auch in seinem Leben Zeiten, wo ihn die scheinbare Erfolglosigkeit seines Dienstes niederzudrücken drohte. Blieben nicht viele fern und öffneten sich nicht dem Evangelium, besonders unter den Männern? Ein Pfarrer sieht ja selbst wenig davon, ob der ausgestreute Same aufgeht. Auch war Traugott körperlich zart, und nicht ohne Kampf triumphierte der Geist bei ihm über die Müdigkeit, aber er triumphierte. »Im Dienst für andere und nun gar für die Kirche uns zu verzehren, sind wir nun mal da«, sagte er, »am meisten brauche ich Glauben, fröhlichen Glauben an Gott, an seine Mitarbeit und Vorarbeit und Nachwirkung. Es ist ein tröstlicher Gedanke, daß *ich* keinen Menschen zum Glauben bringen kann, nur zeugen kann ich. Gott muß es tun. Er wird es auch tun. Gott allein bekehrt die Menschen.«

Alles Organisatorische lag Traugott Hahn fern, das überließ er anderen, die mehr Geschick dafür hatten. Wo es galt, in der Öffentlichkeit eine Rolle zu spielen, trat er bescheiden zurück. »Ich habe nur eine kleine Kraft«, pflegte er manchmal zu sagen, »ich muß mich auf das Nächstliegende beschränken, und das sind Predigt und Kolleg, meine Studenten und meine Gemeinde. . . . Freudigkeit ist nicht ein Gefühl, sondern die lebendige Zuversicht und das völlige Vertrauen zu dem guten Willen Gottes, der mich den rechten Weg führt und mir alle nötige Kraft gibt.«

Für seinen Schreibtisch aber bat er mich, ihm auf Holz den Spruch zu brennen, damit er ihn immer vor sich hätte: »Er gibt dem Müden Kraft und Stärke genug dem Unvermögenden.«

Zwanzig Jahre nach Hahns Tode schrieb mir einer seiner Schüler, der selbst schon im Amt ergraut ist: »Ob auf der Kanzel der Universitätskirche, ob im Kolleg – er war immer der Jünger Jesu Christi, der eine ganze Generation von Predigern geformt und ihnen sein Gepräge aufgedrückt hat. Kurz war sein Leben, aber der Segen, der von ihm ausging, ist so bedeutend, wie es kaum ein anderer Professor, der steinalt wird, erreichen könnte.«

Die Welt war damals schon erfüllt von Unruhe. Gewitterstimmung lag über den Völkern. Die politischen Ereignisse griffen auch in unser Leben ein. Die russische Revolution von 1905 bis 1906, die ihre Wellen auch über das baltische Land warf, war wie ein Fanal, das neue Riesenbrände ankündigte. Manche Gutshäuser gingen in Flammen auf, und innerhalb unserer Kirche fielen die ersten Märtyrer. War es eine Vorbereitung für Traugott Hahn? Es mag damals ein erstes Ahnen in ihm aufgestiegen sein von dem Weg, den er einst würde gehen müssen. In unserer gemeinsamen Andacht betete er in jener Zeit täglich darum, daß, wenn es sein müßte, uns die Kraft gegeben werde, als Märtyrer zu sterben.

Noch einmal folgte für uns baltische Deutsche eine Zeit des Aufatmens in den Jahren 1907 bis 1914. Die Freiheit des deutschen Wortes wurde uns in der Schule wie im öffentlichen Leben wieder gegeben, und ein freudiger Neuaufbau begann. So sehr mein Mann sich daran freute, so erfüllte es ihn doch mit heißer Sorge, daß viele seiner Heimatgenossen den Dank gegen Gott darüber vergaßen. Die Kirchen wurden leerer, die Zeit gehörte jetzt dem nationalen Aufbau. Mit der ganzen Glut seiner Seele rief Traugott Hahn zur Buße. Als im Sommer 1914 der Weltkrieg ausbrach, wußte er, daß Gott als Richter am Werke war und begonnen hatte, ein Feuer anzuzünden, in dem vieles verbrennen mußte, was faul geworden war.

In seiner Bußtagspredigt an Hand des Textes Johannes 15 stellte er seine Gemeinde vor ein großes Entweder-Oder: »Brennen oder bleiben? Wirst du, Universitätsgemeinde, wird von dir, altes, teures Baltentum, auch nur ein Stein auf dem andern bleiben? . . . Evangelischer Christ, evangelische Gemeinde, evangelische baltische Männerwelt, ich frage ganz besonders dich, wie war deine Stellung zum Worte deines Gottes? Erkennen wir die ungeheuerliche Schuld, nicht nur der Verachtung, sondern auch schon der Vernachlässigung des Höchsten und Heiligsten?« »Die christlichen Völker stehen am Scheidewege. Wie vieles reißt sie weg vom Wege, der Jesus Christus heißt . . . Entweder du bleibst in ihm, oder du bleibst nicht in ihm und sinkst zurück ins zweite Heidentum, das viel schlimmer ist als das erste . . . und dann wird Gottes scharfes Winzermesser nicht lange auf sich warten lassen.«

Aber er machte auch wieder dem, der sich rufen und bekehren ließe, Mut. »In der Stunde der Versuchung wird allen, die sich immer wieder hinkehren zu ihrem Erlöser, gegeben werden Kraft, genug Kraft, ihnen selbst erstaunlich viel Kraft. Ja, sie, die Demütigen und zugleich Glaubensmutigen, werden so stark sein, daß sie auch andere werden halten und stärken können.«

Im Verlaufe des ersten Weltkrieges gingen schwere Verfolgungen über die baltischen Deutschen. Sie wurden in Scharen nach Sibirien verschickt, darunter auch Traugotts Vater und Schwager. Traugott sollte dasselbe Schicksal ereilen, aber dem entschlossenen und mutigen Einspruch seiner estnischen und lettischen Studenten gelang es bereits nach drei Wochen, seine Rückkehr zu erwirken, ein Fall, der einzig dastand. Gott wußte, warum. Seinem alten Vater, der zwei Jahre in Sibirien verbringen mußte, stand noch eine lange Wirkungszeit bevor. Vor Traugott Hahn, dem Sohn, lag nur noch eine kurze Spanne Zeit, in der er aber vielen dienen durfte. Denn Dorpat füllte sich mit Flüchtlingen, die sonntäglich die Universitätskirche bis auf den letzten Platz besetzten und den dürstend den Trost des Evangeliums aufnahmen. Traugott war aus tiefster Seele dankbar und ich mit ihm, daß er in dieser Zeit schwerster Not seiner Gemeinde wieder zugeführt war und mit seiner Familie zusammen bleiben durfte.

Tief erregende Tage waren es, als im Januar 1917 im ganzen russischen Reich die Revolution ausbrach, die das Zarentum und alles, was mit der bisherigen Regierung zusammenhing, hinwegschwemmte. Manche jubelten in Erwartung einer neuen Zeit. Wir konnten diesen Optimismus nicht teilen. Zwar brachte die Freiheit, die nun plötzlich auf allen Gebieten herrschte, auch die Freilassung der politischen Gefangenen mit sich. Mein Schwiegervater und seine Familie konnten nach zwei Jahren der Verbannung endlich in die Heimat zurückkehren. Groß war die Freude des Wiedersehens. Aber es griff eine zügellose Gewaltherrschaft um sich. Man war seines Lebens nicht mehr sicher. Auf den Straßen wurde geschossen, und nachts machten kleine Trupps von Bewaffneten überall Haussuchungen, beschlagnahmten, was sie an Wertsachen und Geld entdeckten und verhafteten Männer und Frauen.

Eines Morgens erfuhren wir, daß bei uns in Dorpat wie auch in allen baltischen Städten, die meisten deutschen Männer in der Nacht fortgeführt worden waren, ebenso eine Anzahl Frauen. In Reval wurde meine Schwester Frieda von der Seite meiner alten kranken Mutter fortgeholt und ebenso meine verwitwete Schwester Julie von Weymarn, die ihre fünf Kinder im Stich lassen mußte. Die meisten bekannten Häuser waren voll heißer Sorge um ihre Lieben; sie wurde noch größer, als eines Nachts die Gefangenen, denen man bisher noch Brot und Lebensmittel hatte bringen können, verschwunden waren. Wie man erfuhr, waren sie ins Innere Rußlands abtransportiert worden.

Persönlich haben wir damals eine wunderbare Bewahrung erlebt, und ich habe später erkannt, daß Gott uns damit sagen wollte: »Sei gewiß, es fällt kein Haar von deinem Haupte, wenn ich es nicht will, und wenn es später einmal anders gehen wird, dann wisse, daß auch das Gottes Wille ist und vertraue ihm.«

Mein Mann war rechtzeitig gewarnt worden und hatte sich

der Verhaftung entziehen können. Dennoch machten wir große Ängste durch, er in seinem Versteck, das er immer wieder wechseln mußte, und ich zu Hause in der Sorge um ihn. Als man mir sagte, daß die im Versteck gefundenen Deutschen sofort erschossen würden, stieg meine Angst aufs höchste. Ich beriet mich mit einigen Freunden, was zu tun sei, aber wer konnte da raten? Heiß flehten die Kinder und ich um die Rettung des geliebten Vaters. Wir lasen den 91. Psalm und sangen das Lied: »Ist Gott für mich, so trete gleich alles wider mich.« Trost und neue Zuversicht strömten uns zu. Als ich am Abend allein war und Gott um Klarheit anflehte, kam mir die Gewißheit, daß Traugott zurückkommen würde. Und er kam und beschloß, seine Tätigkeit wieder aufzunehmen. Wir wußten beide, daß er gleich wieder verhaftet werden konnte. Aber keiner rührte ihn an, es war wie ein Wunder.

Mein Mann schrieb damals in einem Brief an meine Mutter: »Ich bin unbeschreiblich dankbar, daß ich wieder bei den Meinigen sein kann. Es ist so schwer, weitreichende Entschlüsse ohne seine Frau durchkämpfen zu müssen. Wir sind jetzt ganz ruhig, schlafen, essen und arbeiten gut und lernen danken für jeden Tag und für jede Stunde. Ich habe es wieder einmal eingesehen, was mir meine Frau ist und wie ich mit ihr verwachsen bin . . . In der Einsamkeit habe ich viel Tiefes durchlebt, Gott ist auch mit mir ins Gericht gegangen . . . und so dürste ich wohl von Herzen danach weiterzuleben, aber vor allem nicht mein Eigenleben, sondern ihm zu leben, dem Herrn Jesus Christus, ob nun hier oder in einer anderen Welt. Der Gedanke, meine Frau und meine vier Herzblättchen verlassen und sie in *dieser* Welt zurücklassen zu müssen, ist noch zum Herzzerbrechen schwer. Ich muß auch in diesem Fall, Gott zu vertrauen lernen. Ich bitte den ewigen Vater, er möge uns vor allem verleihen, eine dauernde tiefgreifende Sinnesänderung zu erlangen – ein wirklich ewiges Leben. . . .«

Unsere Lage wurde immer verzweifelter. Wir waren völlig der Willkür der Gewaltherrschaft preisgegeben und ahnten, daß sich noch Schlimmeres vorbereite. Da kam die Rettung. Am 24. Februar 1918, als wir gerade zur Kirche wollten, standen deutsche Truppen vor dem Rathaus. Dorpat war ihnen fast ohne Kampf übergeben worden. Kaum traute man seinen Augen. Aus Hunderten von Kehlen ertönte machtvoll der Choral: »Nun danket alle Gott.« Es waren Augenblicke, die keiner vergessen wird, der sie erlebt hat. Jubelnd küßte einer den andern, und Tränen der Freude glänzten in vielen Augen. Dann strömte alles zur Kirche, denn es war Sonntag, und Lob- und Danklieder erschallten aus überströmenden Herzen.

Für uns Deutsche begann nun eine wunderbare Zeit. Mit einem Schlage war Ruhe und Ordnung eingekehrt. Die Universität Dorpat wurde als deutsche wieder eröffnet, und mein Mann konnte als deutscher Professor wieder Kolleg halten. Das war ihm eine ungeheure Freude.

Bittere Tropfen in der Freude waren die unvermeidlichen Strafgerichte über Schuldige. Traugott setzte sich mit einigen anderen Pastoren bei der deutschen Kommandantur dafür ein, daß nicht ohne genaue Prüfung verfahren werden möchte und man nach Möglichkeit Schonung walten ließe. Von Anfang an betonte er, daß jetzt, wo die Deutschen die Macht hätten, keine Rachegelüste Gewalt gewinnen dürften, sondern eine Verständigung mit den Esten und Letten angestrebt werden müsse. Es dürfte keine neue Saat des Hasses gesät werden, sondern eine Saat des Friedens.

Während die meisten unerschütterlich an den Sieg der deutschen Waffen glaubten, kam über Traugott schon damals ein tiefes Bangen, wie der endgültige Ausgang des Krieges sein werde. Ein Studienfreund, der ihn damals besuchte, schrieb mir später darüber: »Im März 1918 sah ich Traugott zum letztenmal.

Die Wogen der Freude über die Befreiung des Baltikums durch die deutsche Armee gingen noch hoch. Merkwürdig berührte mich an Traugott ein Zweifel über die Beständigkeit der Lage. »Ich sehe sehr, sehr schwarz«, sagte er. »Ich glaube, wir gehen Zeiten entgegen, die unser Land bis auf den Grund erschüttern werden und, wer weiß, ob Deutschland in der Lage sein wird, uns zu schützen? Die Entscheidung des großen Ringens ist noch nicht gefallen.«

»An diese Unterredung«, so schreibt der Freund weiter, »mußte ich immer wieder zurückdenken, nachdem der endgültige Ausgang Traugotts Befürchtungen nur zu schrecklich bestätigt hatte. Es waren zwei Jahre vergangen, da erfuhr ich in der weiten, weiten Ferne Traugotts Ende. Ich saß an meinem Arbeitstisch und habe Tränen auf das ferne Grab geschüttet, über welchem der unvergängliche Glanz der Märtyrerkrone leuchtet.«

Einen wunderschönen Sommer verbrachten wir noch miteinander am Strande. Als wir nach Dorpat zurückkehrten, begann man schon die Zersetzung der deutschen Armee zu spüren. Schwere Ahnungen stiegen jetzt bei vielen auf. Und dann brach es doch unerwartet und plötzlich über uns herein: Abdankung des Deutschen Kaisers, das Deutsche Reich zusammengebrochen, all unsere Heimathoffnungen zerstört!

Wer kann in Worten wiedergeben, was durch unsere Herzen ging! Traugott litt tief um das geliebte deutsche Volk und durch all das dunkle Geschehen. Nur der Blick auf Gott und sein ewiges Reich, das keiner Veränderung unterworfen ist, hielt ihn aufrecht.

Die deutsche Universität wurde schleunigst aufgelöst, und die deutschen Professoren reisten in ihre Heimat zurück. Dies war für Traugott ein besonders schmerzlicher Abschied. An einem Abschiedsabend dankte er den Vertretern der deutschen Wissenschaft in bewegten Worten für den Reichtum, den sie uns in diesen kurzen Monaten gebracht hätten.

Auch die deutschen Truppen begannen nun abzuziehen. Damit waren wir den anrückenden Truppen preisgegeben, die an der russischen Grenze nur auf den Augenblick warteten, da der Weg in die Ostländer wieder frei wurde. Es begann eine große Flucht. Viele Familien reisten Hals über Kopf nach Riga ab und von da weiter nach Deutschland. Aber vielen gelang auch das nicht mehr.

Auf Pastorenversammlungen wurde lebhaft darüber verhandelt, was in diesem Fall die Pflicht des Pastors sei. Durfte auch er gehen, oder mußte er bei seiner Gemeinde bleiben? Traugott erklärte, er wolle über niemanden urteilen, da jeder Fall besonders läge, aber er für seine Person fürchte nichts so sehr, als ein Mietling zu werden.

Zwei unserer Kinder hatten damals Scharlach, und ich war mit ihnen völlig abgesperrt in einem Zimmer mit besonderem Ausgang. So konnte ich mich mit Traugott nur im Garten treffen. Das war in dieser entscheidungsreichen Zeit besonders schwer. Dennoch habe ich später gerade darin Gottes führende Hand erkannt, denn er bewahrte mich dadurch vor der allgemeinen Panik, die um sich griff und so ansteckend war. Dies war um so wichtiger, weil ich von Natur kein tapferer Mensch bin. Als Traugott mich rief, um mit mir die Lage zu beraten, war mein Urteil nicht beeinträchtigt durch Angst, sondern ich suchte ebenso wie Traugott vor allen Dingen zu erkennen, was Gottes Wille für uns sei.

Als er mir sagte, daß ihn der Gedanke quäle, ein Mietling zu werden, wenn wir dem Angebot der deutschen Militärregierung folgten, die uns unentgeltlich nach Deutschland mitnehmen wollte, war ich innerlich erleichtert und konnte ihm sagen, daß ich ganz dasselbe empfunden hätte.

Es waren ja viele Menschen in der Gemeinde, denen es nicht möglich war, zu fliehen. Brauchten sie nicht jetzt gerade ihren Seelsorger besonders? »Herr Pastor, wenn Sie noch gingen, was sollte dann aus uns werden?« sagten einige von ihnen.

So war die Entscheidung gefallen, aber sie fiel mir leichter als Traugott, weil mir die ganze Schwere derselben nicht voll zum Bewußtsein kam. Wir hatten in den letzten Jahren so viel wunderbare Bewahrung erlebt, würde Gott uns nicht auch dieses Mal retten? Traugott hat jedoch, wie ich glaube, geahnt, daß diese Entscheidung seinen Tod bringen würde.

In den Predigten, die er damals noch halten konnte, rang er mit seiner Gemeinde um die Kraft, innerlich standzuhalten, auch für den Fall, daß furchtbare Schrecken kommen sollten. Die Texte seiner Adventspredigten waren andere als sonst üblich. Am 2. Advent sprach er über Markus 5, 36 und Johannes 14, 1: »Fürchte dich nicht, glaube nur. Euer Herz erschrecke nicht. Glaubet an Gott und glaubet an mich.« Er sagte in dieser Predigt, daß es zum tapferen Mut gehöre, dem Ernst der Lage scharf ins Auge zu blicken. Bei jedem Menschen, vor allem bei echten Christen, sollte aber die andere Furcht viel stärker sein, in der Stunde der Not innerlich zu versagen, sich unwürdig zu verhalten, zu verleugnen, Schande auf den Herrn Christus und den Christennamen zu bringen. Das sei eine sehr berechtigte Furcht vor sich selbst, und doch könne und solle auch sie überwunden werden. Hüten sollten wir uns nur, im einzelnen sorgend auszumalen, was geschehen könnte und was wir sagen müßten. Nur dafür sollten wir sorgen, daß wir ganz eng mit Christus verbunden seien im Glauben und im Gebet. Dann dürften wir darauf rechnen, daß seine wunderbare Macht uns auch in den schwersten Stunden eine uns selbst unbegreifliche innere Ruhe und Kraft wie auch die rechte Weisheit verleihen werde.

Am 3. Advent sprach er über das Wort: Römer 14, 7 und 8.

»Sterben wir, so sterben wir dem Herrn.« Da sagte er: »Gegenüber den Mächten der Finsternis braucht der Herr jetzt viele große Dienste und hochgesinnte Diener. Möge doch in uns der urchristliche Märtyrersinn wieder aufleben, der nie zum Martyrium sich drängt, wohl aber, wenn es kommt, tapfer ihm entgegengeht. Nur ganz wenige von uns dürften so weit sein, aber erstreben und erbitten sollten wir uns jetzt diesen heldenhaften Christensinn.«

Am ersten Weihnachtstag predigte er über die große Weihnachtsfreude und fragte seine Gemeinde: »Hast du überhaupt schon einmal echte Weihnachten gehabt? War es nicht immer nur eine Freude an äußerlichem Weihnachtsflitter, und soll nicht endlich einmal *die* große Weihnachtsfreude angehen?«

Es war eine einzigartige Advents- und Weihnachtszeit, die wir damals erlebten. Sie stand schon unter dem Schatten des Todes, und doch kommt es mir vor, als hätte uns das Weihnachtslicht nie früher und nie später so hell geleuchtet wie damals, als alle irdischen Sterne erloschen schienen.

In einem Brief an seinen Bruder schrieb Traugott am 8. Dezember 1918: »Ich habe eine Furcht für mich wie für andere, daß wir nur ja nicht unter Johannes 10, 13 fallen. Ich glaube, wir werden es vor dem Herrn der Kirche sehr ernst zu verantworten haben, wann und wie wir unsere Posten hier, die doch seine Posten sind, die er uns anvertraut hat, räumen. ... Wieviel kommt in der Zeit der Finsternis darauf an, daß auf allen möglichen Posten, wo nur irgendeine Einflußmöglichkeit besteht, kräftige Gottes- und Christuswirkungen ausgeübt werden, mit Einsatz der ganzen Persönlichkeit. Mir liegt immer ein Wort von Pastor Needra von 1905 im Ohr: ›Wenn das Evangelium uns nicht wert ist, daß wir unser Blut dafür vergießen lassen, dann taugt es überhaupt nicht.‹ Richtiger gesagt, wenn wir nicht bereit sind, um des Zeugnisses des Evangeliums willen unser Leben zu opfern, so beweisen wir, daß es für uns nicht den nötigen vollen Wert gehabt hat. Kurz, daß das Bleiben auf dem Posten für uns Gefahren mit sich bringt, ist für mich durchaus noch kein Grund ihn zu verlassen.«

Zwei Tage vor Jahresschluß, mitten in die Anmeldung für die Sylvesterkommunion, schlug wie ein Blitz die Nachricht ein, daß alle Gottesdienste, Taufen, Beerdigungen und Trauungen bei strengster Strafe untersagt seien. Alle Kirchen sollten geschlossen werden.

Unser erster Gedanke war: Wir werden uns doch nicht fügen, wir werden trotzdem Kirche halten! Traugott berief noch am gleichen Abend seinen Kirchenrat, der erregt die Sache hin und her erwog. Aber sie wurden sich alle darin einig, daß eine Durchsetzung des Gottesdienstes zu wilden Tumultszenen und zur Entheiligung der Kirche führen würde, und man sich daher schweren Herzens der Gewalt fügen müsse. Aber ohne Gottes Wort wollten wir die Gemeinde beim Übergang vom alten ins neue Jahr nicht lassen. Lag es doch so dunkel vor uns wie noch nie. So fanden denn in unserem Pfarrhaus noch zweimal im geheimen Andachten statt, zu denen sich ein kleiner Kreis von Menschen einfand. Da aber jede Menschenansammlung streng verboten war, so hätte sich dies auch nicht mehr weiter durchführen lassen.

Immer wieder hörte man von neuen Verhaftungen. Männer und Frauen wurden aus ihren Häusern geholt oder auch auf der Straße aufgegriffen und verschwanden in den Gefängnissen, die bald überfüllt waren. Eine dumpfe Stimmung der Angst lastete über allen, wußte doch niemand, was ihm die nächste Stunde bringen würde. Eine Zeitungsnotiz erschreckte uns. Darin stand wie beiläufig, daß alle Geistlichen, Priester und evangelische Pastoren das Land zu verlassen hätten. Sollte man sich ohne direkten Befehl daran halten?

Traugott war sehr ernst. Ich glaube, er ahnte, was ihm bevorstand, und er ging durch schwere innere Kämpfe; aber er sprach nicht mit Menschen darüber, um so mehr mit Gott. Oft traf ich ihn versunken im Gebet. Auch ich wußte um die Gefahr, aber meine Augen waren merkwürdig gehalten. Ich verließ mich auf die Verheißung: »Rufe mich an in der Not, so will ich dich erretten«, und vertraute, daß Gott, der uns schon so oft wunderbar bewahrt hatte, es auch diesmal tun werde. Als ich dies eines Morgens zu Traugott sagte, um ihm Mut zu machen, antwortete er mir: »Mamichen, du bist alttestamentlich.« »Wieso?«, fragte ich. »War Luther denn alttestamentlich? Er singt doch auch: ›Ein' feste Burg ist unser Gott, ein gute Wehr und Waffen.‹« »Ja«, sagte Traugott, »aber Luther fährt auch fort, ›nehmen sie den Leib, Gut, Ehr, Kind und Weib, laß fahren dahin‹. Christus hat uns nie verheißen, daß es uns irdisch gut gehen wird, wenn wir ihm nachfolgen, sondern er sagt: ›Nimm dein Kreuz auf dich und folge mir nach.‹«

Wie dankbar bin ich später für dieses Gespräch gewesen. Es war mir von Gott geschickt, es gab mir eine neue Sicht und stellte meinen Glauben auf einen Boden, der nicht erschüttert werden konnte, als meine Hoffnung auf irdische Rettung sich nicht erfüllen sollte.

Am Neujahrstag kamen wir überein, daß es besser wäre, wenn Traugott sich nun verborgen hielte und ein anderes Haus aufsuchte. Noch einmal kniete er mit uns nieder, betete und tröstete uns mit dem Wort Jesaja 54, 10: »Es sollen wohl Berge weichen und Hügel hinfallen, aber meine Gnade soll nicht von dir weichen, spricht der Herr, dein Erbarmer.« Dann sangen wir »Breit' aus die Flügel beide . . .« Die Kinder weinten und hängten sich schluchzend an den Hals des Vaters. Er küßte sie und küßte mich und ging hinaus in die dunkle Nacht.

Wie gut ist es, daß uns Menschen die Zukunft verborgen ist!

Nie wieder sollte er sein geliebtes Pfarrhaus betreten. Es war ein letzter Abschied gewesen.

Tage voll äußerer und innerer Unruhe folgten. Mir war unsagbar schwer ums Herz, und es erwies sich bald, daß alle Vorsichtsmaßnahmen vergeblich gewesen waren. Am 3. Januar wurde Traugott in dem Hause, in dem er sich aufhielt, verhaftet und fortgeführt. Ein kleiner Zettel von seiner Hand erreichte uns am nächsten Tage mit der Bitte, ihm das Essen nach Kompaniestraße 5 zu bringen. Jetzt wußten wir, wo er in Haft war. Dort habe ich ihn noch einmal gesehen. In Gegenwart des Wärters durften wir einige Worte in russischer Sprache wechseln. Auf Traugotts Gesicht lag etwas wie ein Glanz, wie er aus der Gegenwart Gottes kommt. »Auf Wiedersehen«, riefen wir uns noch einmal zu. – Ja, auf Wiedersehen, aber nicht mehr auf dieser Erde.

Gleich nachher erkrankte ich an Grippe und konnte nicht mehr selber das Essen zum Gefängnis tragen. Auch die Kinder waren krank. Wie gelähmt lag ich da und konnte nichts anderes tun, als zu *dem* zu flehen, der Leben und Tod in seiner Hand hat. Vergeblich zerbrachen wir uns den Kopf, was man zu Traugotts Befreiung tun könne. Einige beherzte Gemeindeglieder drangen bis zu den gefürchteten Kommissaren vor. Der erste schrie sie an und warf sie hinaus, der zweite sagte eiskalt, für einen Pastoren lohne es sich nicht, zu bitten.

Einige Tage vor seiner Verhaftung hatte Traugott den russischen Bischof Platon aufgesucht, und die beiden Männer, die als Vertreter verschiedener Konfessionen bisher keinerlei Berührung gehabt hatten, bestärkten sich nun gegenseitig in dem Entschluß, bei ihren Gemeinden auszuharren. Am Schluß dieses Gesprächs hatte der Bischof gesagt: »Jetzt sehen wir, daß die Konfessionen nur Wände sind, von den Menschen errichtet, aber über uns allen wohnt derselbe Gott und Heiland.« Dann küßte er Traugott und schlug das Kreuzeszeichen über ihn, und Traugott segnete ihn mit einem Bibelwort. Una Sancta unter dem Kreuz!

Traugott Hahn und Bischof Platon fanden sich im Gefängnis wieder, und auch hier suchten sie Gemeinschaft miteinander und mit den anderen griechisch-orthodoxen und evangelischen Geistlichen. Das griechische Neue Testament war die Brücke. Es war ein besonderes Glück, daß man Traugott seine kleine Taschenbibel nicht abgenommen hatte. Was sie ihm in jenen Tagen bedeutet hat, darüber berichtete sein Freund, Pastor von Stromberg, der merkwürdigerweise nach wenigen Tagen aus dem Gefängnis entlassen wurde: »Ich sehe ihn noch deutlich vor mir, in einem Augenblick in der Gefangenenzelle, als böse, niederschlagende Nachrichten zu uns gedrungen waren. Um uns herrschte Erregung, ja wüster Lärm. Da nahm er seine Bibel und vertiefte sich ganz in sie. Ich mußte ihn damals ansehen und denken: Ja, so bist du! Um dich her Lärm und Verwirrung, Hoffnung und Angst, und deine Kraft liegt allein in der Bibel. Einmal sagte er im Gefängnis, als wir auf unsere Nahrung länger als sonst zu warten hatten: ›Tausendmal lieber würde ich hungern, als ohne Bibel sein.‹«

Als am 14. Januar 1919 tapfere estnische und finnische Truppen Dorpat befreiten, haben die fliehenden Machthaber ihre Gefangenen, einen nach dem andern, niedergeschossen. Erst als ein junger Handwerker mit dem Beil an die Tür des Gefängnisses schlug und rief: »Was macht ihr, rettet euch selbst, die Weißen sind da!«, ließen sie von ihren Opfern ab und ergriffen selber die Flucht. Viele Menschenleben wurden dadurch gerettet. Gegen 300 Männer und Frauen konnten das Gefängnis lebend verlassen.

Aber Traugott war nicht darunter.

5. Kapitel

In der Tiefe

Fünfzehn Jahre waren vergangen, seit ich in Reval als Braut vor dem Altar der St. Olaikirche stand und meine Hand in die meines Mannes legte. Fünfzehn Jahre des Glücks, in denen wir alles miteinander teilten, Freuden und Schmerzen, Arbeit und Sorgen. Nun war er jäh von meiner Seite gerissen. Ich war allein. Jeden Morgen war es mir beim Erwachen, als läge ein schwerer Stein auf mir. War nicht alles nur ein böser Traum gewesen? Nein, grau und öde stand der Alltag vor mir und forderte mich unerbittlich – der Alltag ohne ihn. Ein Stück meines eigenen Lebens war mit ihm gestorben, ich war bis an die Wurzel meines Lebens getroffen.

Heiß beunruhigte mich die Frage, ob nicht durch meine eigene Kurzsichtigkeit und Torheit der Tod meines Mannes mitverschuldet sei. Hatte ich ihm nicht selbst falsch geraten? Hatte ich nicht vieles versäumt, was zu seiner Rettung hätte geschehen können? Wer ähnliches erlebt hat, der weiß, wie man in solch einem Fall sein Hirn zermartert und alle Möglichkeiten wieder und wieder durchdenkt, die doch unwiederbringlich dahin sind.

Wer kann aus einer solchen Qual befreien? Menschliche Worte versagen. Aber er, der die einzige Zuflucht ist in solchen Stunden der Tiefe, Gott selbst, er fand einen Weg. Er, der gesagt hat: »Ich will dich mit meinen Augen leiten!«, er erinnerte mich an eine Predigt, die mein Mann vier Wochen vor seinem Tode gehalten hatte über das Wort: »Sterben wir, so sterben wir dem Herrn, darum ob wir nun leben oder sterben, so sind wir des

Herrn.« (Römer 14, 7–8). Sein Sarg stand in unserem Heim unter dem Weihnachtsbaum, wo wir noch vor kurzem mit unseren Kindern gefeiert hatten. Mein Mann lag im Talar aufgebahrt. Da griff ich in meiner großen Not zu dieser von ihm wörtlich aufgezeichneten Predigt, in der es heißt: »Mein Tod liegt ganz in meines Herren Hand. Er wird über Zeit und Ort meines Todes bestimmen. Ich werde sterben, sicher nicht, wenn Zufall oder blindes Schicksal mich trifft oder wenn böse Menschen es wollen, sondern dann, wenn mein Herr es will, nicht einen Augenblick früher oder später und dort, wo er gerade mein Sterben brauchen wird . . . Er wird es vielleicht schwer, aber doch nicht zu schwer werden lassen . . .«

Als ich diese Worte las, wußte ich sofort, das war Gottes Antwort für mich, die er mir durch den Mund meines Mannes gab. Sie gab mir die befreiende Gewißheit: Keinem Zufall, keinem menschlichen Irrtum war er zum Opfer gefallen, es war Gottes Wille gewesen. Unter diesen unerforschlichen Willen Gottes galt es sich zu beugen, im nackten Vertrauen, ohne Sehen und Fühlen. Selbst hätte ich nicht die Kraft dazu gehabt, aber sie wurde mir gegeben. »Unter dir die ewigen Arme« (5. Mose 33, 27) – sie waren es, die mich hindurchtrugen, sie ließen mich nicht fallen. »Als die nichts haben und doch *alles* haben« – das war es, was ich in diesem Augenblick durchlebte.

Menschlicher Trost, und mag er noch so gut gemeint sein, ist ohnmächtig vor einem großen Schmerz. Trösten kann nur der, der gesagt hat: »Ich will euch trösten, wie einen seine Mutter tröstet.« Nie habe ich die Nähe Gottes so gespürt wie in jenen Tagen, Wochen, Monaten, ja, Jahren. Gottes Worte waren buchstäblich das Licht, das meinen dunklen Weg erhellte.

Dabei wurden mir ganz neue Erkenntnisse geschenkt. Traugott hatte einmal in einer Predigt gesagt: »Es gibt nur eine Stätte, da lernt man das Dennoch des Glaubens für *alle* Fälle, das ist Golgatha!« Dorthin richtete ich nun meinen Blick, und erst jetzt verstand ich wirklich, was das Kreuz Christi für uns Menschen bedeutet. Auch den Jüngern mußte es ja völlig dunkel und unbegreiflich gewesen sein, als Christus, der Herr der Welt und Gottes geliebter Sohn, am Kreuz starb. Und doch war es die größte Liebes- und Erlösungstat Gottes. Das gab mir das Vertrauen, daß auch in meinem kleinen menschlichen Schicksal ein Liebeswille Gottes verborgen sei, so wenig ich es jetzt auch verstand. So wurde ich vor aller Bitterkeit und dem unfruchtbaren Fragen nach dem »Warum« bewahrt.

Aber freilich, ich mußte noch durch manche inneren Kämpfe hindurch. Eine gute Bekannte, Frau von S., deren Mann mit Traugott zusammen erschossen worden war, sagte mir damals: »Ich habe schon für den Tod meines Mannes danken gelernt. Sie werden es auch lernen.« So weit war ich aber noch nicht. Auch war ihr Mann alt und stand am Ende seines Lebens. Mein Mann aber war mit 43 Jahren auf der Höhe seines Wirkens abgerufen worden. Ich antwortete ihr: »Nein, danken kann ich nicht dafür, aber ich beuge mich.«

Es war mir auch unmöglich mitzusingen, wenn damals das Lied angestimmt wurde: »Lobe den Herren, den mächtigen König der Ehren.« Wie konnte ich singen: ». . . der dich erhält, wie es dir selber gefällt.« Das wäre gegen die Wahrheit gewesen. Stumm blieb ich auch, als am ersten Sonntag nach Traugotts Beerdigung der Gottesdienst mit dem Liede: »Nun preiset alle Gottes Barmherzigkeit« begonnen wurde. Ich bin überzeugt, daß es von Traugotts Freunde, Professor von Stromberg, der selbst tief erschüttert war, gerade aus dem Dennoch des Glaubens heraus gewählt worden war. Aber es gibt ein »zu schwer« für den, der gerade eben erst zu Tode getroffen wurde. Gerade als Christ darf man auch im Schmerz ganz natürlich und wahrhaftig bleiben.

Immer aufs neue durchlitt ich in Gedanken während jener Monate nach Traugotts Tode, was Traugott durchlitten hatte, nicht nur die äußeren Nöte der Gefangenschaft, sondern noch viel mehr das, was er, der innerlich so zart und zugleich stark empfindend war, durchkämpft haben mußte an Sehnsucht und immer wieder neuer Hoffnung und Enttäuschung, bis er das schwere Ja zu Gottes Willen fand. Mir war, als könnte ich das alles erst nachträglich ganz mit ihm fühlen. Es war mir ein Trost, als Traugotts Vater mir schrieb, das könne nicht anders sein. Es sei ein Zeichen unserer tiefen Lebensverbundenheit.

Mit den Kindern, die so sehr an ihrem Vater hingen, sprachen wir immer wieder von ihm und fragten uns bei den verschiedensten Gelegenheiten, was er wohl jetzt sagen oder tun würde. Sein Bild stand bei den Mahlzeiten auf dem Tisch. Er sollte nicht vergessen werden, nein, er sollte mit uns weiterleben. Tief schmerzlich ist ja die Tatsache, die der 103. Psalm so nüchtern und wahr ausspricht: »Ein Mensch ist in seinem Leben wie Gras. Er blühet wie eine Blume auf dem Felde. Und wenn der Wind darüber gehet, ist sie nimmer da, und ihre Stätte kennet sie nicht mehr.« Wie schnell schließt sich die Lücke für die Umwelt! Der Trauernde denkt, die Welt müsse still stehen, aber alles geht seinen Gang, als wäre nichts geschehen. Und sagt man sich auch hundertmal, es kann nicht anders sein, so tut es doch weh. Ja, sinnlos kommt es einem vor, daß die toten Dinge uns unverändert umgeben, und das so viel kostbarere, geliebte Leben ist nicht mehr da!

Überwältigend kam mir jetzt zum Bewußtsein, wie reich ich durch die Ehe mit Traugott gewesen, wie groß mein Glück gewesen war. Zugleich begann immer stärker die Frage mich zu bedrängen: Was hat Gott dir damit zu sagen, daß er dir dies alles wieder nimmt? Ist es Gericht, daß er dir den ganzen Reichtum deines Lebens zerschlägt?

Schwerer als alles andere wurden nun die Anklagen des Gewissens. Wieviel Versäumnisse, wieviel Schuld stehen in solchen Stunden vor einem auf! Auch den liebsten Menschen hat man niemals genug geliebt. Was soll, was kann man tun, um darüber zur Ruhe zu kommen? Steht doch das »Nie mehr!« unerbittlich über dem, was vergangen ist.

In der Tiefe dieser Anfechtung durfte ich eine entscheidende Erfahrung machen: Wer in solcher inneren Not, wo es keinen menschlichen Trost mehr gibt, sich vor Gott beugt und die ganze Last seines Gewissens vor ihm niederlegt, dem wird das geschenkt, was für mich das größte Erleben jener Zeit war, größer noch als der Schmerz: Die Zusage der Vergebung Gottes: »Das Blut Jesu Christi macht euch rein von aller Sünde.« Was hier für den, der diese Zusage annimmt, vor sich geht, bleibt vor menschlichen Augen verborgen, es liegt auch jenseits aller Beweise. Aber diese Zusage war eine befreiende Wirklichkeit. Sie bewirkte, daß ich nicht zerbrach, daß ich den Mut und die Kraft zum Weiterleben bekam. Mitten im tiefen Schmerz stieg aus meinem Herzen ein heißer Dank auf zu dem, »der dir alle deine Sünden vergibt und heilet alle deine Gebrechen.«

Nach jenem Erleben, das mir ganz ohne menschliche Vermittlung zuteil wurde, war es mir klar, daß jeder mir auf dieser Erde noch geschenkte Tag eine Gnade sei und dazu da sei, die Zeit auszukaufen und Gott zu dienen, besser als bisher.

Licht aus der Ewigkeit

An Traugotts Grabe, zu dem ich jeden Sonntag nach dem Gottesdienst mit den vier Kindern hinauswanderte, kam oft eine überirdische Freude über mich. Es war wie ein Glanz aus der Ewigkeitswelt, der sich verklärend auf unser Leid legte. Manches

Mal las ich den Kindern eine Kinderpredigt ihres Vaters vor, die er stenographisch aufgezeichnet hatte. Wie ein ganz persönlicher Gruß von ihm berührte uns die letzte vom Totensonntag 1918, in der er auf Grund von Offenbarung 7, 9–17 über die von Lob, Preis und Anbetung erfüllte Welt der Ewigkeit sprach. Jetzt gingen mir auch die Augen dafür auf, wieviel mehr die Bibel uns über die Ewigkeit sagt, als wir Christen gewöhnlich annehmen. Wie dankbar dürfen wir sein, daß sie nicht in blassen, allgemeinen Worten von der Ewigkeit spricht, sondern daß Christus, der einzige, der davon etwas sagen kann, uns ganz menschliche, anschauliche Bilder vor Augen stellt. Er spricht von Wohnungen, die für uns zubereitet sind (Joh. 14, 2), von einer Gemeinschaft der Jünger, die er neu um sich haben will, daß sie seine Herrlichkeit beim Vater sehen (Joh. 17, 24), ja mit Selbstverständlichkeit redet er davon, daß die Menschen sich in der Ewigkeit wiedererkennen und miteinander sprechen können (Luk. 16, 23–31). Herrlich ist die Verheißung in der Offenbarung Johannes 20 und 21 vom himmlischen Jerusalem, der heiligen Gottesstadt am lauteren Strome, an dem die Bäume alle Monate Frucht tragen und wo Gott selber die Sonne ist und alle Tränen abwischt. Sind es auch nur Bilder für eine viel schönere und größere Wirklichkeit, so können wir Menschen sie eben gar nicht anders fassen.

Wir waren damals von allen nahen Verwandten abgeschnitten, die zum Teil nach Finnland und Deutschland geflohen, zum Teil durch die Kriegslage und die Bahnverhältnisse unerreichbar waren. Da auch der Briefverkehr lange stockte, war es eine große Freude, als endlich nach vielen Wochen Briefe von Traugotts Vater aus Deutschland eintrafen. Nach einem Wort von ihm hatte ich mich gesehnt. Nun erfuhr ich, daß Traugotts Tod ihm durch seine nach Finnland geflüchteten Töchter telegraphisch mitgeteilt worden war, mit Hinzufügung des kurzen Bibelwortes: »Gott dein Weg ist heilig.« Er schrieb mir: »Um Traugott kann ich nicht klagen und trauern. Jesus hat ihn zur Herrlichkeit geführt. Einen Sohn als Märtyrer zu haben, ist etwas so Großes und Heiliges, daß ich bei allem tiefen Vermissen doch nur Gott anbeten kann, der Traugotts ganzes Leben zu einer Vorbereitung für diesen Tod gemacht hat. . . . Wollte Gott ihn abrufen und ihn uns nehmen für diese Erde, so konnte er ihm keinen heiligeren, schöneren Tod geben, als durch Gehorsam im Dienste der Gemeinde, im Dienste Gottes zu sterben.«

Diese Worte waren mir um so wertvoller, als vereinzelt Stimmen an mein Ohr drangen: »Hätte unser Pastor sich doch lieber rechtzeitig in Sicherheit gebracht, dann wäre er uns erhalten geblieben.« Damit wurde der ganze Sinn des Opfers in Frage gestellt, der doch gerade darin bestand, daß Traugott als Hirte seine Gemeinde nicht verlassen wollte, als der Wolf in sie einbrach (Joh. 10, 12). Als ich selbst einmal in solche Anfechtung kam und mich fragte, ob wir recht taten, zu bleiben und besonders, ob *ich* recht tat, als ich Traugott in diesem Entschluß bestärkte, da fand Pastor von Stromberg, mit dem ich darüber sprach, das rechte, helfende Wort. Er antwortete mir: »Sie wollten beide nur eines, Gott gehorsam sein, und Gott hat diesen Gehorsam genommen und hat ein großes Opfer daraus gemacht.« Diese Antwort machte mein Herz still.

Die Briefe des Großvaters waren voll Trost. Das damals elfjährige Liesel wies er hin auf die innere Verbindung der zu Gott Heimgegangenen mit ihren Lieben auf der Erde. Er stützte sich dabei auf die Worte Hebräer 12, 1 von der »Wolke von Zeugen«, die unserem Glaubenskampf zuschauen, und auf Lukas 15, 7, daß »Freude sein werde im Himmel über einen Sünder, der Buße tue«. So nehme man also im Himmel teil an unserer inneren Entwicklung, ob auch an der äußeren, das wüßten wir freilich nicht.

Das feine seelsorgerliche Verständnis, mit dem Traugotts Vater uns gerade diese Stellen der Schrift nannte, tat mir sehr wohl. Ist es doch immer der heiße Wunsch eines trauernden Herzens, mit den geliebten Dahingeschiedenen noch irgendwie in Verbindung zu stehen. Mir scheint, daß unsere evangelische Kirche in der Furcht, es könnten sich falsche, irdische Vorstellungen damit verbinden, diesen an sich so berechtigten und gar nicht sündhaften Wunsch mit unnötiger Schärfe abweist. Die Schrift selber steckt uns das Hoffnungslicht auf, daß eine in Gott gegründete Liebe nicht aufhört, wenn sie schreibt: »Die Liebe höret nimmer auf! So doch die Weissagungen aufhören werden und die Sprachen aufhören werden und die Erkenntnis aufhören wird.« Nach diesem Wort überdauert die wahre Liebe alles andere auf Erden, weil sie aus Gott stammt und damit Ewigkeit in sich trägt.

Erste Frucht

Eines der wertvollsten Vermächtnisse waren für mich Traugotts Predigtkonzepte. Sie waren wörtlich aufgeschrieben, besonders die aus den letzten Jahren. Dies hatte Traugott, der seine Predigten stets genau ausarbeitete, getan, weil eine ganze Anzahl schwerhöriger Gemeindeglieder ihn gebeten hatte, die Predigten, die sie nicht hören konnten, wenigstens lesen zu dürfen. Nun griff ich in diesen Schatz hinein und erlebte das Eigenartige, daß die wahllos herausgeholte Predigt mir gerade auf die Fragen Antwort gab, die mir jeweils zu schaffen machten. Ich hatte sie alle früher gehört, jetzt aber wurden sie mir ganz neu. An ihnen wurde mir deutlich, wie Traugott schon seit vielen Jahren mit der Frage des Leidens in der Welt gerungen hatte und wie er aus der Schrift und nur aus der Schrift immer wieder neu den Glauben an die Liebe Gottes fand. Das bedeutete für mich selber eine so große Stärkung, daß der Wunsch in mir aufstieg, diese Predigten auch anderen Angefochtenen zu vermitteln, denn ich wußte, daß die Ereignisse der verflossenen Wochen viele Menschen in schwere Zweifel gestürzt hatten.

So fing ich an, hin und wieder in unserem Pfarrhaus einige der Predigten vorzulesen. Es kam jedesmal ein größerer Kreis zusammen, und nach dem Lesen der Predigt und dem sich anschließenden Gebet sangen wir aus tiefstem und getröstetem Herzen unsere alten Glaubenslieder und besonders gern Traugotts Lieblingslied: »Ist Gott für mich, so trete gleich alles wider mich. So oft ich ruf und bete, weicht alles hinter sich.« Es war wie ein Triumphgesang, allen Anfechtungen entgegen.

Damals tauchte der Gedanke in mir auf, Traugotts Predigten drucken zu lassen, damit er noch vielen Menschen helfen könnte, den Weg zu Gott wieder zu finden. Es begann damit eine große Arbeit. Das vorhandene Material von 15 Jahren mußte gesichtet und zu einem Jahrgang zusammengestellt werden. Jede einzelne Predigt war stilistisch durchzusehen und abzuschreiben. Unter Traugotts früheren Konfirmandinnen fand sich eine Anzahl junger Mädchen, die freudig bereit waren, mir bei dieser Arbeit zu helfen. Am Ostersonntag lud ich sie ein, sich nach dem Gottesdienst auf dem Friedhof zu versammeln. Dort las ich ihnen an Traugotts Grab eine Osterpredigt von ihm vor, vom Sieg des Lebens über den Tod. Wir sangen Osterlieder und erlebten eine österliche Feierstunde im Aufblick zu dem, der dem Tode die Macht genommen und Leben und unvergängliches Wesen ans Licht gebracht hat.

Gott hatte den Acker meines Herzens so tief aufgepflügt, daß ich den Sinn der großen Festzeiten besser verstand und tiefer durchlebte als früher. Hatte Traugott uns an dem letzten Weihnachtsfest die Botschaft von dem Dennoch der Liebe Gottes noch selber groß gemacht, so war es nach seinem Tode die Passionszeit, das Leiden und Sterben unseres Heilandes, das mir ganz anders nahe rückte, seitdem wir selber von so viel Leid und Sterben umgeben waren, denn: »Worin er gelitten hat und versucht ist, kann er helfen denen, die versucht werden« (Hebr. 2, 18).

Voll überwältigender Freude aber wurde mir Ostern, das Fest des Lebens, das die große Hoffnung, ja vielmehr die Gewißheit der Auferstehung bringt. Wie stimmte ich ein in den Jubel des Petrus: »Gelobt sei Gott, der Vater unseres Herrn Jesu Christi, der uns durch seine große Barmherzigkeit wiedergeboren hat zu einer lebendigen Hoffnung durch die Auferstehung Jesu Christi von den Toten zu einem unvergänglichen und unverwelklichen und unbefleckten Erbe, welches behalten wird im Himmel.«

In dieser Freude wußte ich Traugott; er hatte das Erbe schon empfangen. Aber ich wußte ebenso, daß er seinen Kindern auch die irdische Freude gönnte. Darum färbten wir bunte Ostereier wie sonst. Die Kinder suchten sie im Garten und spielten Eierrollen nach baltischer Art mit viel Vergnügen.

Die Kinder, Traugotts Kinder, waren die große Aufgabe, die mir in erster Linie geblieben war. Das gemeinsame Leid hatte uns noch fester zusammengeschlossen. Jetzt mußte ich ihnen Mutter und Vater zugleich sein.

Es war gewiß eine Erhörung von Traugotts Gebeten im Gefängnis, daß den Kindern grauenerregende Eindrücke erspart geblieben sind. Wohl hatten sie tief erschüttert und weinend an seiner Bahre gestanden, aber sie suchten ihn bei Gott und sangen kindlich glaubend, ehe der Sarg aus dem Haus getragen wurde, sein weihnachtliches Lieblingslied: »Kommt, und laßt uns Christum ehren!« als letzten Abschied. Als einmal in ihrer Gegenwart eine Dame ihr Beileid etwas ungeschickt ausdrückte, wie »grausig« Pastor Hahn hätte sterben müssen, sagten die Kinder nachher voller Empörung: »Wie durfte sie so sprechen von Vaters großem, heiligem Tode!« Bei allem Vermissen ihres Vaters waren sie doch nach Kinderart sehr fröhlich. Rührend war's, wie sie mich zu trösten suchten. Wenn das kleine fünfjährige Beatchen mich traurig sah, zupfte sie mich am Kleide, zog mich in eine Ecke des Zimmers und sagte mir den Vers auf, den sie zu Weihnachten für den Vater auswendig gelernt hatte: »Herr Jesu, dir leb ich, Herr Jesu, dir sterb ich, dein bin ich auf ewig, tot wie lebendig, mache mich Jesus ewig selig.«

Als ich kurz nach Traugotts Tode zu meiner schwerkranken Schwester Frieda nach Reval gereist war, hatte mein neunjähriger kleiner Sohn zu meiner Rückkehr eine ganze Reihe tröstlicher Bibelsprüche auf einen Bogen Papier aufgeschrieben und dazu einige ergreifende Verse, die er selbst gemacht hatte. Ein anderes Mal schrieb er mir aus dem Gedächtnis die Andacht auf, die sein Vater ihm am Totensonntag gehalten hatte, als er wegen Krankheit nicht zur Kinderkirche konnte. In kindlicher Form gab er wieder, was Traugott nach Offenbarung 7 über die Ewigkeit gesagt hatte. Der kleine Junge schloß seinen Bericht mit den Worten: »Dann sagte der liebe Jesus: Jetzt geh aber arbeiten! Der Himmel ist nicht für die Faulen da.«

Treue Gemeindeglieder umgaben uns damals mit viel Liebe. Sie machten nicht große Worte, dazu waren sie selbst zu erschüttert, aber sie trauerten tief mit uns um ihren geliebten Seelsorger. Mit all diesen Menschen verband mich nicht nur das gleiche Leid, sondern auch die lebendige Erinnerung an Traugott und ihre große Dankbarkeit für das, was er ihnen gegeben hatte.

Von einer achtzigjährigen alten Dame, die ich persönlich nur wenig gekannt habe, erfuhr ich später, daß sie jahrelang bis zu ihrem Tode, täglich für mich und meine Kinder gebetet hätte. Wieviel Segensströme mögen diese treuen Freunde über uns ausgelöst haben! Gott lohne es ihnen in der Ewigkeit.

So fühlte ich mich fester denn je mit unserer Gemeinde verbunden.

6. Kapitel

Die Heimat versinkt

Der Aufbruch aus Dorpat

Die äußere politische Lage war immer noch ungeklärt. Die Front, an der gekämpft wurde, verlief nicht allzuweit von uns mitten durch Livland. Aus Riga drangen unheimliche Gerüchte herüber. Alle unsere wehrfähigen Männer waren mit dem Balten-Regiment in den Kampf gezogen, selbst Knaben von 14 Jahren. Wie wir später hörten, haben Kämpfe von großer Tragik stattgefunden, denn unsere kaum ausgebildeten jungen Männer waren nicht imstande, sich gegenüber einer Übermacht zu behaupten. Sie kämpften mit Heldenmut für die Heimat, aber sie gingen in den sicheren Tod.

Ich übersah die Lage in keiner Weise. Aber mein Schwiegervater schrieb aus Deutschland, es stünde bedrohlich, ich sollte mit den Kindern herüberkommen, um sie vor neuen Gefahren zu schützen.

Der Gedanke, nun auch die Heimat zu verlassen und damit all das, was mir durch Traugott teuer war, unser Heim, die Gemeinde, sein Grab, war mir unsagbar schwer. Ich konnte den Entschluß dazu nicht fassen. Wie ein unübersteigbarer Berg stand der Aufbruch vor mir. Wenn ich aber an Traugotts Grab stand, so war es mir, als riefe er mir zu: »Bringe die Kinder fort!«

In diesem Konflikt fragte ich Pastor von Stromberg um Rat. Er nahm die Sache ernst und sagte: »Wir wollen jeder für sich

Gott bitten, daß er deutlich zeigt, was Sie tun sollen.« Das erbetene Zeichen ließ nicht lange auf sich warten.

Es war am 1. Mai, Willys Geburtstag. Wir wollten gerade zum Friedhof ans Grab des Vaters gehen, als es ganz überraschend hieß, keiner dürfe das Haus verlassen, es sei Haussuchung. Mehrere Polizisten waren im Hause. Einer von ihnen durchsuchte meine Briefschaften und nahm sie an sich. Als ich ihn fragte, um was es sich eigentlich handle, sagte er mir, ich sei denunziert worden wegen unerlaubter Korrespondenz. Wer und was hinter dieser sinnlosen Verdächtigung steckte, ist niemals klar geworden. Aber da die Lage zwischen dem jungen estnischen Staat und dem Deutschen Reich nach Krieg und Okkupation der letzten Jahre noch gespannt war, genügte es, daß ich in den letzten Wochen eine große Zahl von Briefen aus Deutschland bekommen hatte. Es waren in der Hauptsache Beileidsbriefe deutscher Professoren und Offiziere, die während der Okkupationszeit, als die Universität Dorpat neu eröffnet worden war, hier Lehrstühle gehabt hatten. Sie hatten unter Traugotts Kanzel gesessen, zum Teil in unserem Hause verkehrt und schrieben, erschüttert durch seinen Tod, von dem tiefen Eindruck, den seine Predigten und seine Persönlichkeit auf sie gemacht hätten. Auch meines Schwiegervaters mir so wertvollen Trostbriefe wurden beschlagnahmt, ebenso einige Briefe von Traugott aus früherer Zeit, die mir besonders kostbar waren.

Als der Beamte, der sehr rücksichtsvoll vorging, sah, wie traurig ich darüber war, überkam ihn das Mitleid. Er sprach mir sein Bedauern aus, daß er in höherem Auftrag so handeln müsse, fügte aber hinzu: »Seien Sie ruhig, ich verspreche Ihnen, Ihre Briefe zurückzubringen.« »Wann wird das sein?« war meine Gegenfrage. »In fünf Tagen«, lautete seine Antwort.

Als er und seine Kollegen fort waren, schickte ich zu Pastor von Stromberg. Er kam sogleich und sagte ernst: »Sie müssen jetzt aufbrechen, und zwar ehe die fünf Tage um sind. Es ist klar, daß hier von irgendeiner unbekannten Seite ein Vorwand gesucht wird, um gegen Sie vorzugehen.« Die übrigen herbeigeeilten Freunde waren derselben Ansicht. Nun wußte ich, daß dies das erbetene Zeichen sei und ich mich nicht mehr gegen den Aufbruch wehren dürfe.

Wie aber sollte ich in so kurzer Zeit den ganzen Haushalt auflösen? Es schien fast unmöglich und mußte doch sein. Unendlich vieles gab es zu ordnen und zu bedenken. Vor allem mußte ich mir bares Geld verschaffen durch Verkauf unserer Möbel. Kaum wurde dies bekannt, da füllte sich auch schon unser Haus mit fremden Käufern. Und nun wurde ein liebes Stück nach dem anderen fortgetragen, unser schöner eichener Eßtisch, an dem wir vom ersten Tag unserer Ehe an alle Mahlzeiten eingenommen hatten, mein Flügel, Willys geliebtes Schaukelpferd und vieles andere. Die vier Kinder standen am Fenster und schauten bitterlich schluchzend den Gegenständen nach. Mir aber war es, als würde vor meinen Augen alles zerschlagen, woran das Herz noch hing.

Erst nachts kam ich zum Packen. Wie schwer war es zu entscheiden, was mitzunehmen, was dazulassen sei. Liebe Menschen boten mir ihre Hilfe an, aber in solchen Fällen ist es schwer, sich helfen zu lassen. Wäsche und Service, Kissen und Decken, auch Bilder und persönliche Bücher packte ich in Kisten und Körbe, von allem nur das Notwendigste und die mir besonders lieben Andenken. Ohne mein Wissen haben die Kinder doch zwei ihrer besonders geliebten, ausgestopften Tiere, einen Dakkel und einen Fuchs heimlich in die Kisten gesteckt und waren glücklich, als sie in Deutschland als einzige ihrer Spielsachen ans Tageslicht kamen. Beatchen schlief lange Zeit nur mit dem Dakkel im Arm ein.

An Abschiedsbesuche bei der Gemeinde war in der knappen

Zeit, die mir zur Verfügung stand, nicht zu denken. Nur eines ließ ich mir nicht nehmen, wir gingen mit den Kindern noch einmal auf den Friedhof zu stillem Abschied von Traugotts Grab, das wir nun für immer verlassen sollten. In der Universitätskirche knieten wir noch einmal am Altar nieder in heißem Gebet.

Der Andrang der Käufer hatte zu meinem Erstaunen plötzlich aufgehört. Meine Freunde hatten es nicht mehr ansehen können, wie wir litten. Ohne mein Wissen war ein Anschlag an unserer Gartenpforte gemacht worden, daß der Verkauf erst einige Tage später fortgesetzt würde. Da genug Geld eingegangen war, um die Reise zu wagen, war ich einverstanden und dankbar, zuletzt etwas mehr Ruhe zu haben.

Es kam der letzte Abend. Noch einmal gingen wir, Abschied nehmend, durch alle Räume unseres geliebten Pfarrhauses und knieten mit einigen Freunden, die sich eingefunden hatten, in unserem Wohnzimmer nieder zum Gebet. Dann ging es in die dunkle Nacht hinaus zum Bahnhof, von wo der Zug um 3 Uhr morgens nach Reval abging. Es war ein Abschied zum Herzzerbrechen, und doch war es mir ganz gewiß, daß Gott mich selber an die Hand genommen hatte und mich hinausführte aus Heimat und Freundschaft.

Wenige Tage nach unserer Abreise wurden die beschlagnahmten Briefe wirklich zurückgegeben. Einer davon war rot angestrichen, der eine ganz harmlose Anfrage meiner früheren estnischen Köchin enthielt. Ob man mich daraufhin verhören und festhalten wollte? Der Beamte soll jedenfalls aufs höchste erstaunt gewesen sein, als er erfuhr, daß ich abgereist sei. Er soll dann die Briefe zurückgegeben haben mit dem Bemerken, sie seien so schön, daß er sie alle gelesen hätte, nicht einen hätte er auslassen können!

Reval, meine Heimatstadt am finnischen Meerbusen, war das erste Ziel unserer Reise. Von dort aus mußten wir versuchen, Deutschland zu Schiff zu erreichen. Der Landweg war durch die Kriegslage versperrt.

Nach fünfstündiger Eisenbahnfahrt kamen wir um 8 Uhr morgens in Reval an. Wie oft war ich früher diese Strecke gefahren in Begleitung von Traugott und den Kindern und voll Freude auf den Besuch bei den Eltern. Heute sah die Welt anders aus. Müde und traurig stiegen wir den Domberg hinauf zu der Wohnung meiner Schwester, Julie von Weymarn, die uns voll Liebe aufnahm. Es sollte noch über einen Monat dauern, bis es uns gelang, Reval zu verlassen.

In Reval befanden sich damals Tausende von Flüchtlingen, die alle fort wollten. Nur ganz wenigen war es bisher gelungen, für hohe Summen Geldes von einem Schiff mitgenommen zu werden. Eine direkte Ausreise nach Deutschland war von der damaligen Regierung nicht gestattet; man mußte daher den Umweg über Schweden, Finnland oder Dänemark versuchen und sich einen entsprechenden Ausweis verschaffen. In den zuständigen Konsulaten drängten sich Scharen von Menschen. Ich stellte mich im dänischen Konsulat an das Ende einer langen Reihe, in der Annahme viele Stunden warten zu müssen. Zu meinem freudigen Erstaunen wurde ich aber herausgerufen und vordringlich behandelt. Ein dänisches Visum wurde mir ausgehändigt. Es war Traugotts Name, der mir die Tür geöffnet hatte, ein erster Schritt war damit getan.

Wie aber sollte ich nach Dänemark kommen? Es sah fast aussichtslos aus. Zwar ging ich täglich an den Hafen, von einem Schiff zum andern, mit der Bitte, uns mitzunehmen, erhielt aber stets eine Absage.

Eines Tages begegnete mir eine von Dorpat her bekannte Dame, Frau von M., und erzählte mir, daß sie schon seit vielen Wochen versuche, mit ihren zwei kleinen Söhnen nach Deutschland zu kommen, wo sich ihr Mann bereits befände. Alle ihre Bemühungen seien aber vergeblich gewesen. Zuletzt hätte sie sich an den amerikanischen Konsul gewandt und ihn gebeten, ihr einen Schiffsplatz zu verschaffen. Der Konsul hätte ihr zur Antwort gegeben: »So gerne ich Ihnen helfen würde, muß ich doch in erster Linie dafür Sorge tragen, daß Frau Pastor Hahn und ihre Kinder fortkommen können.« Mein Erstaunen über diese Nachricht war groß, denn der amerikanische Konsul war mir ganz unbekannt, und ich hatte mich nicht um eine Verbindung mit ihm bemüht.

Kurze Zeit nach diesem Gespräch mit Frau von M. erhielt ich tatsächlich vom amerikanischen Konsul die Mitteilung, daß ein dänisches Schiff bereit sei, uns mitzunehmen, ich möchte mich nur mit dem Kapitän in Verbindung setzen. Wir eilten zum Hafen und fanden bald das betreffende Schiff. Es war ein kleiner Transportdampfer mit nur 11 Mann Bemannung. Der blutjunge dänische Kapitän war bereits im Bilde und begegnete uns sehr freundlich. Als ich ihn fragte, wo wir unterkommen könnten, da das Schiff ja nicht für Passagiere eingerichtet sei, stellte er mir seine eigenen beiden Kajüten zur Verfügung, die sehr bequem waren und genügend Platz für mich und die Kinder boten. Er war auf meine Bitte hin auch bereit, Frau von M. mit ihren Kindern mitzunehmen. »Wir laufen aber schon morgen aus, und Sie müssen pünktlich um 3 Uhr nachmittags hier sein«, sagte er mir.

Eilig machten wir uns davon, um alles Nötige für die Abreise einzuleiten und einen Lastwagen zu besorgen, der unsere Kisten und Körbe in den Hafen bringen würde.

Solange wir schon auf diesen Tag gewartet hatten – es war

inzwischen Juni geworden – so kam er uns nun doch zu plötzlich. Schwer fiel uns der Abschied von meiner geliebten Schwester Frieda, die seit dem Herbst mit ständig hohem Fieber zu Bett lag. Jetzt hieß es sich losreißen mit der bangen Frage: Wird man sich jemals wiedersehen?

Der Tag der Abreise war ein Pfingstmontag, der 6. Juni. Es herrschte eine glühende Hitze. Ich wollte es den Kindern nicht zumuten, im schattenlosen Hafen herumzustehen und begleitete daher zuerst allein den Lastwagen mit unserem Gepäck. Am Hafenkai angelangt, kam ein Beamter auf mich zu, verlangte meine Papiere zu sehen und wies mich an, sie in einem in einiger Entfernung gelegenen Häuschen noch einmal abstempeln zu lassen.

Während ich der Aufforderung des Beamten folgte, blieb mein ganzes Gepäck zurück, darunter zwei mir besonders wertvolle Stücke, das eine, ein ziemlich großer Korb, der Traugotts schriftliche Aufzeichnungen enthielt: Predigten und Bibelstunden, die ich in Deutschland herausgeben wollte. Da es aber damals verboten war, Schriftliches ins Ausland mitzunehmen, war es sehr die Frage, ob das gelingen würde. Das andere war ein Köfferchen. Hier hinein hatte ich wertvollen, von meiner Mutter geerbten Schmuck, Silbersachen und andere Kostbarkeiten getan und auch die mir sehr teuren Andenken an Traugott, u. a. seine kleine Taschenbibel, die man auf dem Korridor seines Gefängnisses gefunden hatte. Sie schlug sich besonders auf bei der Stelle 2. Korinther 9: »Laß dir an meiner Gnade genügen, denn meine Kraft ist in den Schwachen mächtig.« An diesem Wort hatte sich Traugott offenbar in den letzten Tagen seiner Gefangenschaft aufgerichtet, und es war wie ein Gruß von ihm.

Daß ich dieses Köfferchen nur wegen der drückenden Hitze stehen ließ, als ich den Stempel holen ging, war eine große Torheit, denn inzwischen war unser ganzes Gepäck bereits auf das

Schiff verladen worden. Wo aber war das Köfferchen? In großer Angst suchte ich. Die Kinder, die inzwischen eingetroffen waren, suchten mit mir – aber es war vergeblich! Die Polizei wurde benachrichtigt, alles umsonst. Es war und blieb verloren, offenbar gestohlen.

Als ich während der Seefahrt innerlich zur Ruhe kam, wurde mir bei allem Schmerz über den großen Verlust eines ganz klar: Gott will dich von allem irdischen Reichtum frei machen. Es soll sich jetzt zeigen, ob das Wort Wahrheit ist: »als die da nichts haben und doch *alles* haben.« Seine Gnade würde nicht von mir weichen, sollten auch noch viele Berge und Hügel hinfallen. Diese Zuversicht gab er mir ins Herz. Auch wurde mir dankbar bewußt, daß mir in Traugotts schriftlichem Nachlaß, den ich unbeanstandet hatte mitnehmen dürfen, der weitaus größere Schatz erhalten geblieben war. Beim Köfferchen handelte es sich um den Verlust äußerer Dinge, während die Predigten für die Sache Gottes wirken sollten.

Kurz vor der Abfahrt des Schiffes kam es noch zu einer anderen Aufregung. Ganz überraschend wurde ich auf das Büro des Oberkommandierenden der estnischen Truppen befohlen. Der General empfing mich mit den Worten: »Ich habe gehört, daß Sie das Land verlassen wollen, wissen Sie nicht, daß dies verboten ist?« Ich zuckte mit den Achseln. Zu meiner Erleichterung fuhr der General gleich darauf fort: »Wir haben jedoch Ihren Fall im Ministerium des Inneren bereits besprochen, und wir sind bereit, mit Ihnen eine Ausnahme zu machen, allerdings unter einer Bedingung.« Voll Spannung sah ich ihn an, was würde er von mir verlangen? Vielleicht Zurücklassen von Geld und Silbersachen, wie das häufig vorkam? Aber es war nichts dergleichen. »Sie müssen versprechen«, sagte der General, »daß Sie im Ausland weder in Wort noch Schrift gegen die Republik Eesti agitieren werden.«

»Das will ich gerne versprechen«, sagte ich, »ich gehe ja nicht aus politischen, sondern aus rein persönlichen Gründen ins Ausland.« »Nun denn, so mögen Sie fahren«, antwortete er, »aber Sie müssen bis morgen warten, denn ich muß Ihnen noch eine Bescheinigung ausfertigen lassen, und dies ist heute des Pfingsttages wegen nicht möglich, da keine Stenotypistin anwesend ist.«

Jetzt fuhr mir der Schreck in die Glieder, wußte ich doch, daß die vom Kapitän zur Abfahrt festgesetzte Stunde gleich vorüber sein würde. Wenn diese sich mir endlich bietende Gelegenheit verloren ginge, wo sollte ich eine zweite finden? So war meine flehentliche Bitte: »Das ist unmöglich, Herr General, ich kann nicht bis morgen warten, das Schiff fährt heute ab, das mich mitnehmen will.«

Der gute General hatte ein Einsehen. Er verstand offenbar meine schwierige Lage und telefonierte nach einer Stenotypistin, die mir den betreffenden Schein ausstellte. Als er aber Frau von M. erblickte und erfuhr, daß sie auch mitreisen wolle, erklärte er, das ginge nicht an, nur für Frau Hahn würde diese Ausnahme gemacht. Frau von M. geriet außer sich. Sollte sie, endlich am Ziel ihrer monatelangen Bemühungen, im letzten Augenblick zurückbleiben müssen?! Sie zitterte vor Erregung. Wir beide verlegten uns nun aufs Bitten und lagen dem General so lange in den Ohren, bis er es leid wurde und sagte: »Nun, meinethalben, wenn Frau von M. zu Frau Hahn gehört, so mag diese sie mitnehmen.«

Wir atmeten auf und liefen, mit dem Erlaubnisschein in der Tasche, so schnell wir konnten zurück zum weit entfernten Hafen. Dort erwartete uns der Kapitän schon mit größter Ungeduld. Kaum hatten wir das Schiff bestiegen, als auch die Anker gelichtet wurden. Ein letztes Grüßen und Winken zu meiner Schwester, die am Ufer stand, dann glitt das Schiff hinaus in die See, den heimatlichen Strand schnell hinter sich lassend. Noch sah man die Türme Revals, St. Olai, die Kirche, in der ich konfirmiert und getraut war, St. Nicolai, den langen Hermann, den hochragenden Dom, dann versank die Stadt meiner Jugend am Horizont.

Dieser letzte Abschied von der geliebten Heimat mit allem, was ich dabei zurückließ, wäre mir noch schwerer gefallen, wenn nicht in diesem Augenblick der Dank überwogen hätte, daß es trotz aller Widerstände und Hindernisse gelungen war, fortzukommen. Ich fühlte, daß es sich um eine letzte Möglichkeit gehandelt hatte, und tatsächlich verschärfte sich die Lage gleich nachher sehr.

Selbstverständlich habe ich mein gegebenes Versprechen gehalten und nie etwas gegen die am 22. Februar 1918 gegründeten Republik Eesti gesagt. Daß mir die Vertreter dieser jungen Republik die Wege zur Ausreise mit meinen Kindern in so entgegenkommender Weise ebneten, verdankte ich ohne Zweifel wiederum nur Traugotts Namen. Er genoß auch bei den Esten, von denen viele als Studenten unter seinem Katheder wie unter seiner Kanzel gesessen hatten, hohes Ansehen. Und es war vielleicht die feinste Art, sein Andenken zu ehren, daß sie seine Familie so rücksichtsvoll behandelten.

Engel auf unserem Wege

Der Tag, an dem die Lindhorst, dieses kleine dänische Schiff, mich und meine Kinder hinaustrug aus dem heimatlichen Hafen, bedeutete einen tiefen Einschnitt in meinem bisherigen Leben. Der festgefügte Rahmen unserer geordneten Existenz war endgültig gesprengt, jetzt ging es hinaus in eine völlig ungewisse

Zukunft. Wohin? Ich wußte es nicht. Nur eines spürte ich deutlich, daß es notwendig gewesen war und so sein sollte. War ich nicht fast gegen meinen Willen zum Verlassen des geliebten Dorpater Heimes getrieben worden? Und hatten sich nicht alle Schwierigkeiten in erstaunlicher Weise gelöst? Wie einst Petrus stand ich jetzt auf den Wellen des Meeres, aber wie er war auch ich nicht allein. Es stand Einer neben mir, der mich nicht versinken ließ.

Es war gewiß kein Zufall, daß auf die erregende Unruhe der letzten Wochen mit ihrem schmerzlichen Abschied nun Tage folgten, die alles Getriebe der Welt von uns fern hielten. Nur die unermeßliche Weite des Meeres umgab uns, dieses Meeres, das mir von Kindheit an ein Spiegel der Ewigkeit war.

Unsere Seereise dauerte fünf Tage und war von schönstem Wetter begünstigt. Zugleich umgab uns eine wohltuende Freundlichkeit von seiten der ganzen Schiffsmannschaft, angefangen vom Kapitän bis zum jüngsten Matrosen. Wie sehr erleichterte uns das den ersten Anfang des Flüchtlingsdaseins, in dem man Liebe oder Ablehnung stärker empfindet als sonst. Wem wir dieses außerordentliche Entgegenkommen nächst Gott zu verdanken hatten, erfuhr ich erst später.

Der Kapitän erklärte gleich zu Anfang, daß er in Anbetracht der sechs Kinder, die er an Bord habe, es nicht verantworten könne, den direkten Weg über die Ostsee nach Kopenhagen zu nehmen, da auf dieser Strecke zu viel Minen lägen. Er wollte daher den großen Umweg über Finnland und Schweden machen. Da er selber Vater von kleinen Kindern war, wird er dabei auch an sich gedacht haben.

In der Frühe des nächsten Morgens lagen wir vor Helsingfors, der schönen Hauptstadt Finnlands, mit ihren vorgelagerten malerischen Inseln. Wehmütige Erinnerungen wachten in mir auf an eine Finnlandreise, die ich im Jahre 1906 mit Traugott gemacht hatte. Wie genossen wir damals gemeinsam die Schönheiten der nordischen Landschaft.

Die Kinder waren nach Kinderart für alles Neue interessiert und genossen die Überfahrt sehr. Von Seekrankheit blieben wir verschont, da wir nur kurze Zeit, als es nach Schweden hinüberging, die offene See überquerten, sonst aber meist der Küste entlang fuhren. Einmal, als das Schiff stark zu schaukeln begann, sagte mir der Kapitän: »Ich will näher an Land fahren, damit Sie nicht seekrank werden.« Diese ungewöhnlich große Liebenswürdigkeit konnte ich kaum ernst nehmen, aber ich empfand dankbar die freundliche Gesinnung, die aus diesen Worten sprach.

Gleich nach Helsingfors nahm das Schiff den Kurs durch die einzigartig schönen finnischen Schären. Stundenlang fuhren wir wie auf einem großen Fluß zwischen bewaldeten Felseninseln, die manchmal so dicht zusammenlagen, daß man meinte, das Schiff käme nicht hindurch. Dann traten sie wieder so weit zurück, daß es aussah wie ein großer See. Wir konnten uns nicht sattsehen an dem abwechslungsreichen Bilde, über dem ein wolkenlos blauer Himmel und heller Sonnenschein strahlte. Ähnlich und doch wieder anders wirkten die schwedischen Schären, durch die wir eines Abends hindurchkamen. Es war die Zeit der im Norden so hellen Juni-Nächte. Das Abendrot lag über dem stillen Wasser und vergoldete die felsigen Inseln mit ihren Wäldern und rot gedeckten Häuschen, an denen das Schiff fast lautlos vorüber glitt. Ich stand mit meinem kleinen Sohn an einer offenen Luke in stille Bewunderung versunken. Die ruhevolle Schönheit dieser Abendstimmung auf dem Meer war wie ein Abglanz himmlischer Herrlichkeit und tat mir wohl.

Unsere Kinder blühten in diesen fünf Tagen richtig auf. Außer der herrlichen frischen Seeluft tat die gute Verpflegung ihr übriges. Wir hatten während des Krieges nicht gerade gehungert, aber wir kamen eben aus den Entbehrungen einer vierjährigen Kriegszeit. Jetzt machte sich der dänische Schiffskoch ein Vergnügen daraus, uns aufs beste zu ernähren. Spiegeleier, Pfannkuchen und andere gute lang entbehrte Dinge standen bei den Mahlzeiten in Fülle für uns bereit. Sie fanden freudige Abnehmer.

Nur die arme Frau von M. konnte nichts von diesen Herrlichkeiten genießen, da sie die ganze Zeit in jammervollem Zustande seekrank auf ihrem Liegestuhl lag. Ihre beiden fröhlichen Söhne kletterten unterdessen um so ausgelassener wie echte Jungen auf dem Schiff herum und waren überall da, wo sie nicht hin sollten. Manchmal brach der Zorn des alten Steuermanns in einem mächtigen Donnerwetter über sie herein. Dieser, eine Seemannsgestalt wie sie im Buche steht, breit und derb, war von geradezu zarter Freundlichkeit zu mir. Das rührte mich um so mehr, weil er so schreckenerregend poltern konnte. Eines Tages brachte er mir ein zehn Pfund schweres Stück Nierenfett zum Geschenk, eine Kostbarkeit, die mir in dem damals so armen Deutschland große Dienste leisten sollte, und fügte noch einige Stücke prächtiger dänischer Seife hinzu mit den Worten: »Sie werden in Kopenhagen nicht gleich weiter können, wollen Sie nicht diese Tage bei mir und meiner Frau wohnen?« Obgleich ich von dieser Einladung keinen Gebrauch gemacht habe, so kann ich es dem alten Seemann doch nie vergessen, daß er so freundlich zu mir war und mich und meine vier Kinder bei sich aufnehmen wollte.

In anderer Weise suchte ein junger Matrose mir etwas Freundliches zu sagen. Ganz schüchtern trat er an mich heran und radebrechte: »Meine Liebe ist auch deutsch.« Als ich ihn fragend anblickte, nicht ganz sicher, was er damit meine, zog er verschämt aus seiner Tasche das Bild seiner Braut, die eine Deutsche war.

Diese völlig unerwarteten Freundlichkeiten ganz fremder

Menschen waren mehr als wohltuend. Sie gaben mir eine innere Hilfe, spürte ich doch einen Größeren dahinter, der mir damit sagte: »Fürchte dich nicht, ich will dich nicht verlassen, noch versäumen.« Ich sollte noch mehr Derartiges erleben auf dieser von mir so gefürchteten Reise ins Ungewisse, auf der mich zum erstenmal die fürsorgende Liebe meines Mannes nicht umgab.

Nachdem wir an der langgestreckten Insel Gotland vorbeigeschifft waren, kam endlich am fünften Tage Kopenhagen in Sicht. Ein Zollboot näherte sich, die Beamten kamen an Bord und ehe wir uns versahen, hatten sie Frau von M. mit ihren beiden Jungen mitgenommen. Wir hatten nicht einmal richtig Abschied voneinander nehmen können. Auf mein erstauntes Fragen erfuhr ich, daß es Flüchtlingen aus dem Osten nicht erlaubt sei, dänischen Boden zu betreten, sie müßten sofort weiterreisen.

Warum blieb ich mit meinen vier Kindern unbehelligt? Es war mir unerklärlich.

Nun fuhr das Schiff in einen langen Kanal ein. An einer Stelle des Kais wurde gehalten und das auf dem Schiff verstaute Gepäck abgeladen, auch das unsere. Da wir gleich danach weiterfuhren, fragte ich sehr beunruhigt, ob ich nicht eine Bescheinigung bekäme. Lachend gab man mir zur Antwort: in Dänemark brauche man dergleichen nicht, hier seien die Menschen ehrlich. Doch sollte mir das noch manches Kopfzerbrechen machen.

Nach längerer Fahrt durch den Kanal legte das Schiff an. Die ganze Schiffsmannschaft ging an Land, und auch ich wollte mich nach einem Hotel umsehen. Da machte mir der Kapitän den Vorschlag, auf dem Schiff zu bleiben und seine beiden Kajüten, in denen wir prächtig aufgehoben waren, als Standquartier zu betrachten, bis das Schiff in drei Tagen wieder in See ginge. Dankbar nahm ich sein Anerbieten an. Beim Verlassen des Schiffes übergab der Kapitän mir ein Schreiben, das ihm der dänische Konsul Johannsen vor unserer Abfahrt in Reval ausgehändigt hatte. Darin stand in dänischer Sprache einiges über Traugotts Tod und unser Schicksal, verbunden mit der Bitte, uns überall auf dänischem Boden freundlich entgegenzukommen.

Das war also des Rätsels Lösung! Nun verstand ich, worauf das außerordentlich große Entgegenkommen des Kapitäns und der ganzen Schiffsbesatzung zurückging. Wieder war es ein mir ganz fremder Mensch gewesen, der mir die Wege im voraus ebnete, denn Herrn Konsul Johannsen hatte ich nur ganz flüchtig in seinem Büro gesehen, als er mir den dänischen Paß in Reval übergab. Alles Zagen und Bangen, das mich in Dorpat den Aufbruch in die Fremde als einen unübersteigbaren Berg empfinden ließ, machte mehr und mehr einem dankbaren Gottvertrauen Platz, durfte ich doch Gottes Fürsorge auf Schritt und Tritt erfahren.

In den drei Tagen, die wir dank unseres Quartiers an Bord unseres Schiffes in Kopenhagen zubringen konnten, gab es mancherlei zu erledigen. Unsere Überfahrt mußte auf der Reederei bezahlt werden, das große Gepäck war aufzusuchen und nach Deutschland zu verfrachten. Und die Möglichkeit unserer Weiterreise mußte festgestellt werden. Auf dem Schiff war außer uns keine Menschenseele zu sehen. Wir waren Alleinherrscher und schliefen nachts gut auf den roten Samtpolstern der Kajüte.

Am nächsten Morgen machten wir uns in die Stadt auf, da es noch mancherlei zu erledigen gab. Es kam uns sehr zustatten, daß mein Sohn mit seinen zehn Jahren einen ausgesprochen guten Ortssinn hatte. Wie weite Wege wir auch in einer völlig fremden Umgebung gemacht hatten, er führte uns sicher durch das Straßengewirr zu unserer »Lindhorst« zurück.

Mit einiger Besorgnis sah ich dem Preis entgegen, den ich für unsere Überfahrt zu zahlen haben würde. Ich wußte, daß von andern Flüchtlingen in ähnlichen Fällen ungeheure Summen gefordert worden waren. Doch wurde mir auf der Reederei eine verhältnismäßig geringe Summe genannt. Nur einen Teil davon konnte ich in dänischem Geld entrichten. Meine übrige Barschaft bestand aus Oberostrubeln, einem Zahlungsmittel, das im Baltikum von der deutschen Besatzung eingeführt worden war. Als der Beamte dieses ihm fremde Geld sah, erklärte er, diese Scheine nicht brauchen zu können und zog daraus den erstaunlichen Schluß, daß er daraufhin auf den noch fälligen Rest verzichte. Auch der Schiffskoch hatte mir für die so reichliche Verpflegung eine sehr geringe Rechnung ausgestellt.

Einer unserer ersten Gänge war der zu einem deutschen Pfarrer namens Lampe. Obgleich er gewiß von Flüchtlingen überlaufen war, wurden wir nicht nur freundlich empfangen, sondern auch zum Mittagessen eingeladen. Es war eine wohltuende erste Gastfreundschaft in der Fremde.

Als wir durch die Straßen Kopenhagens wanderten, fielen uns neben den reichhaltigen Auslagen in den Schaufenstern der verschiedenen Geschäfte die vielen Konditoreien auf. Schokolade und Kuchen waren langentbehrte Genüsse für uns. Und da diese drei Tage in einem Lande, in dem buchstäblich »Milch und Honig floß«, völlig aus dem Rahmen des Alltäglichen herausfielen, gönnte ich es den Kindern, die aus der hungrigen Kriegszeit kamen, sich hier ausschließlich von Schokolade und Kuchen zu nähren. Wie sehr sie das genossen, kann man sich denken.

Die größte Sorge aber war, daß wir unser großes Gepäck vielleicht nicht wiederfinden könnten. Vergeblich liefen wir die langen Docks ab, an denen wir vorbeigefahren waren. Niemand wußte etwas von unsern Sachen. Erschwerend wirkte dabei unsere Unkenntnis der dänischen Sprache. Ich versuchte es mit Englisch, Deutsch, Estnisch, Französisch – die Leute verstanden mich nicht. Als ich nach dem Gepäck der Lindhorst fragte, wagte sogar einer zu behaupten, dieses Schiff wäre noch gar nicht angekommen. Da war ich ganz verzweifelt. Wie sollte ich zu meinem Gepäck kommen, denn einen schriftlichen Beleg hatte ich ja nicht. Was half mir nun die Ehrlichkeit der Kopenhagener?

So kam der letzte Morgen, an dem die Lindhorst um zwölf Uhr mittags in See stechen sollte. Bis dahin mußten wir die Kajüten von unserm Handgepäck geräumt haben. Wo sollte ich hin? Und wie würden wir weiterkommen, wenn sich das große Gepäck nicht fand?

Zunächst begab ich mich mit meinen Töchtern in eine Bäckerei, um Brot zu kaufen. Mein Sohn war nicht dabei. Er hatte sich mit den Schwestern gestritten und hatte sich versteckt. In der Bäckerei stellte sich heraus, daß wir ohne Brotmarken kein Brot erhalten konnten. Während ich mich mit der Bäckerfrau mühsam zu verständigen suchte, redete mich ein gerade anwesender Herr auf deutsch an: »Ich sehe, daß Sie hier fremd sind. Darf ich Ihnen vielleicht beistehen? Kommen Sie mit mir. Ich wohne nicht weit von hier, und meine Frau wird sich freuen, Ihnen zu helfen.« Da er vertrauenerweckend aussah, besann ich mich nicht lange, sondern ging mit. Auf dem Schild seiner Haustür las ich seinen Namen. Es war ein dänischer Pfarrer, der den berühmten Namen Kierkegaard trug. Als wir in die Wohnung eintraten, stand Frau Kierkegaard gerade auf einer Treppe und wusch die Fenster. Ihr Mann flüsterte ihr etwas ins Ohr, und sie tat keineswegs erschreckt über den unerwarteten Besuch, den er ihr mitbrachte. In großer Geschwindigkeit deckte sie den Tisch, kochte Kaffee, strich Butterbrote und nahm uns auf wie eingeladene Gäste!

Der Pfarrer erkundigte sich unterdessen nach unserer Lage und erklärte dann sofort: »Ich helfe Ihnen weiter. Ihr Handgepäck hole ich vom Schiff in unsere Wohnung, bis Sie weiterreisen können, und Ihr großes Gepäck finde ich gewiß auch.« Wie dankbar ich für dieses Anerbieten war, kann man sich denken. Wir gingen nun zusammen zum Schiff zurück, um zugleich mit unserem Handgepäck auch meinen Jungen abzuholen. Wer beschreibt meinen Schreck, als der Junge nicht da war. Niemand hatte ihn gesehen. Ich war in großer Angst um ihn. Wo konnte er geblieben sein? Wie atmete ich auf, als endlich der Pfarrer mit ihm erschien und ich meinen Jungen wieder hatte. Er war, während ich mit meinen drei Mädel in der Bäckerei war, aus seinem Schmollwinkel herausgekommen, hatte sich vergeblich nach uns umgesehen und war dann zu Pastor Lampe gelaufen, um uns dort zu suchen. Als er uns dort nicht fand, lief er in großer Angst zum Schiff zurück. Da Pastor Lampe am entgegengesetzten Ende der Stadt wohnte, hatte es solange gedauert, bis er wiederkam. Nun war ja alles wieder gut.

Pastor Kierkegaard gelang es ohne weiteres, unser großes Gepäck aufzufinden. Er besorgte die Abfertigung nach Deutschland und holte uns denselben Nachmittag die Fahrkarten zur Weiterreise. Dann ging er mit unseren Kindern in die Stadt, um ihnen einiges von den Kunstschätzen Kopenhagens zu zeigen. Verstanden sie auch noch nicht viel davon, so bekamen sie doch einen Eindruck von Thorwaldsens Statue des segnenden Christus.

Ich durfte mich unterdessen in dem gastlichen Pfarrhaus ausruhen, um Kräfte für die Weiterreise zu sammeln.

Am Nachmittag begleitete uns Pfarrer Kierkegaard zum Bahnhof und half uns fürsorglich in den Zug. Mit Tränen in den Augen schied ich von ihm, voll herzlichen Dankes für die Engelsdienste, die er mir erwiesen hatte. Es war nur ein kurzes Begegnen von wenigen Stunden gewesen. Ich habe ihn nie wieder gesehen, aber so oft ich seiner gedenke, geht ein warmes Dankgefühl durch mein Herz, und ich bin gewiß, daß der es ihm vergelten wird, der gesagt hat: »Was ihr getan habt einem meiner geringsten Brüder, das habt ihr mir getan« (Matth. 25, 40).

Nach einigen Stunden Eisenbahnfahrt mußten wir umsteigen, um den Zug nach Nyköping, wo die Fähre nach Deutschland abging, zu bekommen. Auf dem Bahnsteig herrschte ein großes Gedränge. Die Kinder, beladen mit unserem Handgepäck, kamen nur langsam voran. Als wir einsteigen wollten, waren die Wagen überfüllt, nirgends mehr schien ein Platz frei zu sein. Der Zug sollte gleich abfahren. Da beugte sich im letzten Augenblick ein Ehepaar aus einem der Wagen heraus, zog uns mitsamt unserem Gepäck zu sich herein, und schon setzte sich der Zug in Bewegung. Natürlich kamen wir gleich mit unseren Helfern ins Gespräch, und der Herr gab mir seine Visitenkarte ab, aus der ich ersah, daß er ein Rechtsanwalt in der Stadt Nyköping war. Ich wiederum gab ihm das Empfehlungsschreiben des dänischen Konsuls zu lesen, das mir der Kapitän ausgehändigt hatte. So wußte er, wer wir waren.

Um Mitternacht kamen wir in Nyköping an und konnten erst am nächsten Morgen weiterreisen. Das Ehepaar verabschiedete sich von uns, und ich war eben im Begriff, ein Hotel aufzusuchen, als ein Schaffner, mit dem der Rechtsanwalt einige Worte gewechselt hatte, auf mich zukam und mir sagte: »Ich bin angewiesen, Ihnen für diese Nacht Schlafwagen 1. Klasse zur Verfügung zu stellen.« Damit schloß er uns besagten Wagen auf, und wir konnten es uns bequem machen. Ich war sprachlos über diese unerwartete Fürsorge, die uns ein Nachtquartier beschafft hatte, waren doch alle Hotels überfüllt von Flüchtlingen. Als wir am andern Morgen aufstanden und ich mich gerade nach der Weiterfahrt erkundigen wollte, sahen wir zu unserem Erstaunen das Ehepaar von gestern wieder auftauchen. »Wir wollten Ihnen doch beim Umsteigen helfen«, sagten sie. Zugleich brachten sie uns gestrichene Brote für die Reise mit und auch sonst verschiedene Eßwaren, von denen sie wußten, daß sie in Deutschland knapp waren. Das taten sie alles in so selbstverständlicher Weise, als ob wir ihre guten Freunde wären, und es war keinen Augenblick peinlich, es anzunehmen. Dabei waren sie doch selber erst in der Nacht heimgekehrt und hatten sich nun schon in erster Morgenfrühe so für uns gemüht. Wieder waren es ganz fremde Menschen, die Gott uns als Engel auf den Weg gestellt hatte. Sie halfen uns nun in den richtigen Zug, mit dem wir zur Fähre kamen und damit zur Überfahrt übers Meer nach Warnemünde.

Als Flüchtlinge in Deutschland

Nun waren wir in Deutschland! In meiner Jugend hätte das einen Höhepunkt der Freude bedeutet. Deutschland war für mich wie für viele Deutsch-Balten das Ziel unserer Sehnsucht, das Land, in dem alle deutsch sprachen, das Land eines Luther, das Land, in dem Geistesleben und Wissenschaft in höchster Blüte standen und in dem, wie ich meinte, alle Menschen grundanständig und ehrlich sein müßten.

Nun war ich wieder in Deutschland, aber ich war eine andere geworden. Ich sah die Welt nicht mehr in rosigem Glanze verklärt vor mir liegen. Auch Deutschland war nicht mehr dasselbe geblieben. Jetzt, wo wir es als Flüchtlinge betraten, merkte ich bald, daß es ein am Boden liegendes, besiegtes und hungerndes Land war, voll innerer Gegensätze.

Es war schon wenig erfreulich, als alle Reisenden sich im Hafen von Warnemünde einer ausgiebigen Leibesvisitation unterziehen mußten und man mir die dänische Seife des alten Steuermannes wieder wegnehmen wollte. Und als wir im Gasthof ein Zimmer genommen hatten und unsere unterwegs erhaltenen Vorräte an Speck und Fett wegen der glühenden Sommerhitze im Keller des Hotels unterbringen mußten, spürten wir die feindseligen Blicke des uns bedienenden Kellners, der den Flüchtlingen das offenbar nicht gönnte. Das war freilich kein Wunder; denn er konnte ja nicht ahnen, wie wir zu diesen Schätzen gekommen waren. Wahrscheinlich hatte er selber einen leeren Magen; denn schon die erste undefinierbare braune Wassersuppe, die wir genossen, zeigte uns, daß wir im Vergleich zu dem reichgedeckten Tisch Dänemarks vor einem jähen Absturz standen.

Aber nicht nur kalt und fremd kam uns Deutschland entgegen. Auch hier durfte ich Menschen begegnen, die meinen Mann gekannt und geliebt hatten. Und das war damals dasjenige, wonach ich mich am meisten sehnte.

Von Warnemünde aus besuchte ich Professor Alfred Seebergs Frau im nahen Rostock. Es war ein wehmütiges Wiedersehen. Zuletzt waren wir in Dorpat zusammen gewesen, als unsere Männer, eng verbunden als Kollegen und Freunde, an der Universität Dorpat wirkten. Jetzt waren beide tot, und wir Frauen wußten, was das Wort Witwe in sich schließt. Wir verstanden uns und hatten viel einander zu sagen aus Vergangenheit und Gegenwart.

Warm berührte mich auch die Anhänglichkeit eines früheren Konfirmanden von Traugott, Herrn F., den ich jetzt als Bankbeamten in Rostock wiedersah. Er brachte mir in dankbarer Verehrung für seinen einstigen Pastor und Seelsorger einen wundervollen Blumenstrauß. Dieses Gedenken an meinen geliebten Mann tat mir wohl.

Der einzige Anhaltspunkt für unsere Weiterreise war die kleine Stadt Vienenburg im Harz. Dort hatten die Verwandten Sielmann, die über Finnland nach Deutschland geflüchtet waren, ein provisorisches Unterkommen bei der Familie des Oberbergrats Heckel gefunden. Mein Schwager, Pastor Woldemar Sielmann, war dort Hilfsgeistlicher geworden. Auch mein Schwiegervater war bei ihnen. Telegrafisch hatte ich ihnen unsere Ankunft in Warnemünde mitgeteilt, wollte mich aber zunächst noch mit Professor Karl Girgensohn treffen, einem der nächsten Freunde von Traugott, der jetzt an der Universität Greifswald war. Doch kam es zu diesem Wiedersehen nicht mehr.

Die Kinder und ich kamen gerade von einem Gang zurück, als ein Herr eilig an uns vorüber lief. Liesel drehte sich um und rief: »Das war ja Onkel Woldemar!« Schnell setzten die Kinder ihm nach, und richtig, er war es. Auf unser Telegramm hin hatte er sich sofort aufgemacht, um uns abzuholen. Nun brachen wir gleich auf, und ich war froh, einen männlichen Begleiter zu haben, der mir durch die damals noch großen Reiseschwierigkeiten hindurchhalf.

Das Wiedersehen mit Traugotts Vater und Geschwistern war tief schmerzlich, sahen wir uns doch zum erstenmal nach Traugotts Tod. Was lag nicht alles zwischen jener Dezembernacht, als wir in gefahrvoller Zeit zwischen den Bahngleisen Dorpats von dem nach Deutschland flüchtenden Vater Abschied nahmen, und dem Heute! Mit stillem Verstehen nahmen mich die Verwandten auf, und es tat mir wohl, daß sie sich zu Traugotts Bleiben in Dorpat ebenso stellten wie ich.

Etwa vierzehn Tage blieben wir in Vienenburg in dem gastfreien, aber voll besetzten Hause von Heckels. Dann tat sich eine andere Tür auf. Die Besitzer von Schloß Ohr bei Hameln, Baron Haake und seine Frau, eine Baltin und einstige Konfirmandin meines Schwiegervaters, boten uns ein Sommerquartier auf ihrem Nebengut Buchhagen an.

Das wohnlich und gut eingerichtete Gutshaus von Buchhagen lag sehr hübsch zwischen bewaldeten Weserbergen und diente Haakeschen Verwandten als Sommeraufenthalt. Hier durften nun auch wir den Juli und August 1919 verbringen und zur Ruhe kommen. Auch eine andere Verwandte von uns, die Frau meines Schwagers Bruno mit ihrer kleinen Tochter, hatten Haakes in ihrer Großzügigkeit hierher eingeladen.

Trotz dieser freundlichen Führung lernten wir dort doch schon etwas von den Nöten des Flüchtlingsdaseins kennen. Die Wirtschaft führte ein älteres Fräulein, bei der wir in voller Pension waren. Diese in ihrem Bereich sehr tüchtige Wirtschafterin hatte leider kein Verständnis für unsere Lage. Die lebhaften Kinder waren ihr höchst lästig, sie hatte stets an ihnen zu tadeln. Gewiß nicht ohne Grund; denn dieses und jenes kam wahrscheinlich aus dem gewohnten Geleise. Die Kinder machten allerlei Lärm und wischten ihre Füße nicht immer ordnungsgemäß ab. Das führte zu Konflikten, die ich mir von allen Beteiligten am meisten zu Herzen nahm. Ich war durch alles Erlebte noch sehr verwundbar, es war mir schrecklich, wenn die Kinder irgend etwas von den fremden Sachen beschädigt oder verdorben hatten. Die Kinder wiederum, die im Dorpater Pfarrhaus viel Freiheit im Haus und Garten gewöhnt waren, empfanden hier zum erstenmal, daß sie Flüchtlinge und nur Geduldete waren. Sie weinten oft bitterlich und sehnten sich nach Hause. Meine Versuche, das Fräulein zu versöhnen, fruchteten nicht viel. Es ist eben für den, der noch nichts verlor, sehr schwer, sich hineinzudenken in denjenigen, der durch schwerste Erschütterungen ging und alles, woran sein Herz hing, hat hinter sich lassen müssen. Sowohl Erwachsene als auch Kinder brauchen seelisch einfach noch eine Zeit, bis sie wieder ganz ins Geleise kommen und das Leben wieder so umsichtig meistern können wie die andern.

Dankbar gedenke ich aber eines jungen Stubenmädchens, von dem ein feiner Geist der Freundlichkeit ausging. Warmes Verständnis fand ich auch bei einigen anderen Hausgenossinnen, denen ich Traugotts Predigten vorlesen durfte, aus denen ich selber immer wieder Trost und Kraft schöpfte.

Auch mit den Besitzern von Schloß Ohr, denen wir dieses schöne Flüchtlingsasyl verdankten, hielten wir gute Nachbarschaft und erfuhren nur Freundliches.

So waren diese Monate in der ländlichen Stille eine Wohltat; aber den Schmerz um Traugott konnten sie nicht lindern. Nur der Aufblick zu Gott half mir. Unser weiterer Weg lag noch völlig im Dunkeln. Die Kinder mußten zur Schule, aber ich wußte noch nicht, wo und in welcher Stadt wir uns niederlassen konnten. Bei der herrschenden Wohnungsnot war es höchste Zeit, sich danach umzusehen. So reiste ich eines Tages nach Göttingen in der Hoffnung, dort durch Traugotts Taufvater und väterlichen Freund, Professor Bonwetsch, eine Wohnung zu finden. Mich lockte in Erinnerung an Dorpat die Universitätsstadt mit ihrer lebendigen geistigen Atmosphäre. Aber trotz aller freundlichen Bemühungen von Bonwetschs erwies sich alles Suchen als aussichtslos. Ebenso erging es uns in Dortmund; es war alles überfüllt.

In diese große Verlegenheit hinein kam schließlich ein Angebot vom Verleger Mohn aus Gütersloh an meinen Schwiegervater, er wolle uns drei kleine Zimmer mit Küche im oberen Stock seines Hauses abtreten. Erleichtert reiste ich nach Gütersloh, lernte Mohns kennen und nahm ihr Anerbieten an.

7. Kapitel

Ein neuer Lebensabschnitt

In Gütersloh

Anfang September 1919 siedelten wir nach Gütersloh über. Ich erwartete, die Zimmer ebenso leer vorzufinden, wie ich sie mir angesehen hatte. Wer beschreibt mein Erstaunen, als statt dessen alles fertig eingerichtet war: Zwei Schlafzimmer, ein hübsches Wohnzimmer und dazu eine Küche, winzig im Format, in der sich aber alles Nötige an Kochtöpfen und anderen Küchensachen befand. Sogar Besen, Staubtuch und Putzlappen fehlten nicht. Im Schrank auf dem Flur standen Teller und Tassen, und im Keller lagen Äpfel und Birnen für uns bereit. Wie sich herausstellte, hatte eine Dame kurz vorher ihre Möbel bei Mohns abgestellt und erlaubt, daß wir sie leihweise benutzen könnten. Von dem Geschirr aber sagte Frau Mohn: »Das gehört Ihnen, fragen Sie nicht, woher es kommt.« Es war mir aber klar, daß sie es war, die in rührender Weise alles für uns vorbereitet hatte.

Ich war überwältigt! Mein lieber Schwiegervater hatte mir schon nach Dorpat tröstend geschrieben: »Sei ruhig, Annychen, fürchte Dich nicht vor der Zukunft, Gott wird vor Dir her gehen und Dir das Heim bereiten.« Das war nun buchstäblich in Erfüllung gegangen.

Dennoch fiel es mir grenzenlos schwer, zum erstenmal ohne Traugott ein neues Heim zu begründen. Schmerzhaft kam mir auf Schritt und Tritt zum Bewußtsein, daß nun ein ganz anderer Abschnitt meines Lebens beginnen würde, ein Leben, in dem

Traugotts Rat, seine Liebe, sein warmes Verstehen mich nicht mehr umgeben und tragen würde. Aber der Alltag nimmt keine Rücksicht auf unsere großen Schmerzen. Er läßt uns keine Zeit, uns in Vergangenes zu versenken. Unerbittlich fordert er, daß alle Kleinigkeiten des täglichen Lebens ernst genommen und bewältigt werden. Und vielleicht ist es gut so.

Aber ein verstehendes Wort von einem lieben Menschen kann doch sehr wohl tun. Ein solches Wort meiner Schwägerin, Magdalene Hahn, die gekommen war, um mir in den ersten Tagen zu helfen, habe ich in dankbarer Erinnerung. Sie muß es mir wohl angemerkt haben, wie krampfhaft ich mich nach außen zusammenriß. Denn als wir von einigen Besuchen zur Schulanmeldung der Kinder zurückkehrten, sagte sie, als wir allein waren, ganz unvermittelt: »Annychen, nun weine dich mal aus, der Schmerz hat auch sein Recht.« Das war in diesem Augenblick befreiender und lösender als irgend etwas anderes.

Ja, der Schmerz hat auch sein Recht, denn er ist uns ja von Gott geschickt. Er darf uns nicht unterjochen, aber er darf auch nicht mit Zerstreuung und Vergessenwollen schnell zugedeckt werden. Es ist mir immer tröstlich gewesen, daß ein so großer Gottesmann wie Paulus so oft von großer Trübsal, Angst des Herzens und Tränen schreibt. An ihm lernt man, wozu der Schmerz da ist, nämlich uns hinzuführen zu dem »Gott alles Trostes, der uns tröstet in all unserer Trübsal«. Auch das so widerspruchsvoll klingende Wort »als die Traurigen, aber allezeit fröhlich«, lernte ich damals verstehen. Es hat beides, Schmerz und Freude, nebeneinander sein Recht und seinen Platz.

Nur zu gern hätte ich einen nahen Verwandten bei mir gehabt, der mir bei dem ersten schwierigen Einleben in die ganz neuen und fremden Verhältnisse beigestanden hätte, aber es war niemand in der Verwandtschaft frei. Auch das habe ich verstehen gelernt. Gott wollte, daß ich mich in allererster Linie nur an ihn halten und auf ihn verlassen sollte. Daß man dabei am besten fährt, durfte ich in den folgenden Jahren immer wieder erfahren.

Traugotts Vater, unser lieber »Apapa«, stand zwar betend und helfend hinter uns, aber er konnte nur etwa drei Wochen im Jahr bei uns sein. Fast die ganze übrige Zeit hielt er Evangelisationsvorträge in verschiedenen Gegenden Deutschlands und führte mit seinen über siebzig Jahren ein rastloses Reiseleben. So anstrengend das für ihn war, habe ich ihn doch nie darüber klagen hören. Wohl war es ihm schmerzlich, daß er seiner geliebten Olai-Gemeinde in Reval nicht mehr dienen durfte und die politischen Umwälzungen ihm die Tür zur Heimat verschlossen hatten. Aber Gott tat ihm neue Türen auf zur Verkündigung seines Wortes, durch die er eine unendlich viel größere Gemeinde erreichte. Hunderte, ja Tausende strömten zu seinen Evangelisationsvorträgen herbei und füllten Abend für Abend die großen Kirchen, in denen er sprach. Meist blieb er acht Tage an einem Ort und hielt jeden Tag eine Bibelstunde und einen Evangelisationsvortrag. Einige dieser Vortragsreihen sind später im Druck erschienen und sind durch ihre praktische und verständliche Art, in der sie den Weg zum Glauben zeigten, vielen zum großen Segen geworden.

Durch diese Vortragsarbeit wurde ihm, der als Flüchtling aller Mittel entblößt war, die Möglichkeit gegeben, nicht nur seinen eigenen Unterhalt zu bestreiten, sondern auch für mich und die vier Kinder zu sorgen, Traugotts Kinder, an denen er nun Vaterstelle vertrat.

Ihm war es lieb, daß gerade Gütersloh unser Aufenthalt wurde, Gütersloh, das kleine Heidestädtchen, in dem er seine Jugendjahre verbracht und die Schule besucht hatte. Hier war alles voll Erinnerungen für ihn. Er zeigte uns das Haus, in dem er als Missionskind bei »Tante Mally« in Pension gewesen war, die Wohnung, in der er mit seinen aus Afrika kommenden Eltern unvergeßliche Monate ihres Urlaubs verbracht hatte, die Aula, in der er seinen hochverehrten Lehrer, Pastor Braun, predigen hörte, und das Gymnasium, das nun mein Junge, sein Enkel, auch besuchen sollte. Unter den Bauern in der Umgegend von Gütersloh gab es noch eine Anzahl älterer Menschen, die sich an die Eltern unseres Großvaters, den Herero-Missionar Hugo Hahn und seine Frau, in Dankbarkeit erinnerten. Einer von ihnen, ein alter Bauer, stellte uns manches Mal im Herbst einen Zentner Kartoffeln in den Keller, wollte aber ungenannt bleiben.

Bei einigen angesehenen Gütersloher Familien machte mein Schwiegervater mit mir Besuche, doch lagen die Beziehungen zu ihnen schon sehr weit zurück und zu einem engeren Verkehr kam es bis auf wenige Ausnahmen nicht. Es lag eine Schranke zwischen denen, die noch in ihren gewohnten Verhältnissen leben konnten und denen, die als Flüchtlinge sich mühsam ein neues Dasein zimmern mußten, in dem so vieles fehlte, was einem früher an Kultur unentbehrlich war. Man konnte als Flüchtling nicht mehr so wohnen und sich kleiden wie die andern. Das hat auf der einen Seite Minderwertigkeitsgefühle und Zurückhaltung erzeugt, auf der anderen Seite eine gewisse kritische Geringschätzung.

Dies will ich jedoch nicht von den lieben guten Mohns sagen, bei denen wir überaus freundlich aufgenommen waren. Der alte Herr Mohn konnte oft wie ein Jüngling mit unseren Kindern scherzen und hatte stets ein freundliches Wort zur Hand. Frau Mohn dagegen stand mir mit gutem Rat zur Seite. Sie war eine vorzügliche Hausfrau. In ihrem Hause war alles tadellos, und sie selber leitete, mit einer blendend weißen Schürze angetan, ihre trefflichen Hausmädchen bei der Arbeit an.

Es mag den beiden alten Leuten, die an Ruhe gewöhnt waren, nicht leicht gefallen sein, daß plötzlich vier Kinder über ihren

Köpfen herumliefen, umso mehr als wir keinen eigenen Eingang hatten und immer an ihren Zimmern vorbei die Treppe hinaufsteigen mußten. Die Kinder, durch die schweren Erlebnisse des letzten Jahres seelisch aus dem Gleichgewicht gekommen, waren bald zu Tode betrübt, dann wieder so ausgelassen lustig, daß manches Unglück passierte. Frau Mohn mußte viel Geduld mit uns haben, denn wenn man mit lebhaften Kindern zwischen fremden Sachen wohnt, ist es fast unmöglich, daß diese nicht dabei leiden. Derlei Dinge aber waren mir namenlos peinlich.

Es stürmte damals soviel auf mich ein, daß ich selber das Gefühl hatte, mit den vielen Aufgaben und Pflichten, die über meinem Kopf zusammenschlugen, nicht fertig zu werden. In Dorpat hatte ich ein großes Hauswesen geleitet, hatte aber auch Hilfskräfte – Köchin, Stubenmädchen, Kindermädchen und Hausleute – gehabt, wie das in den meisten baltischen Häusern üblich war. So waren mir die gröberen häuslichen Arbeiten völlig ungewohnt und gingen mir nur langsam von der Hand. In einem Kochkursus hatte ich zwar als junges Mädchen die feine Küche erlernt, ich konnte schöne Kuchen backen und feine Gerichte schmackhaft zubereiten. Nie aber hatte ich Kartoffeln geschält, Gemüse geputzt oder große Wäsche gewaschen. Jetzt mußte ich plötzlich all das bewältigen und dazu in einer ganz fremden Umgebung, unter den damals noch äußerst schwierigen Nachkriegsverhältnissen. Die Nahrungsmittel waren knapp, für ein winziges Stückchen Butter mußte man lange Schlange stehen. Auch alle anderen Besorgungen für den Haushalt waren mühselig und zeitraubend.

Die erste und wichtigste Aufgabe waren aber meine Kinder, für sie mußte ich Zeit haben. Sie konnten sich anfangs nur schwer an die fremden Schulen und neuen Methoden gewöhnen. Sie brauchten meine Hilfe bei den Schularbeiten, brauchten jetzt in der Fremde die Mutter ganz besonders. Dazu mußten Kleider,

Wäsche und Strümpfe rastlos geflickt und gestopft werden, denn lange hatte nichts erneuert werden können. So riß die Arbeit nie ab, und ich war oft todmüde.

Wenn abends die Kinder in den Betten lagen, wartete aber noch eine andere Aufgabe auf mich, die mich bis in die späten Nachtstunden beschäftigte. Das waren Traugotts Predigten, die nun endgültig zum Druck fertiggemacht werden mußten. Herr Mohn war der Inhaber der bekannten Firma Bertelsmann, die gerade theologische Sachen herausbrachte. Das war der richtige Verlag, den ich suchte. Es war wieder eine deutliche Führung Gottes, daß er mich in dieses Haus brachte und dadurch die Herausgabe der Predigten ermöglicht wurde. Denn die Druckschwierigkeiten waren damals so groß, daß bekannte Wissenschaftler lange suchen mußten, bis sie einen Verleger fanden. Eine meiner ersten Bitten an Herrn Mohn, als ich ihn kennenlernte, aber war daher gewesen: »Lieber Herr Mohn, Sie werden doch wohl so gut sein und meines Mannes Predigten verlegen?« Er sagte freundlicherweise zu, machte aber die Bedingung, daß sie bis Ende Oktober abgeliefert sein müßten, damit sie noch zum Weihnachtsverkauf herauskämen.

So saß ich nun Abend für Abend an dieser mir selbst so sehr am Herzen liegenden Arbeit. Wenn ich auch noch so müde war, es mußten am nächsten Morgen soundso viele Predigten in der in demselben Hause befindlichen Druckerei abgeliefert werden, oder ich mußte Korrekturbogen lesen. Dieses unbedingte Muß, das hinter mir stand und das mich geradezu zur Arbeit zwang, war ein Glück, denn bei meiner großen Arbeitsbelastung hätte ich es sonst nicht zustande gebracht.

Die Gewißheit, daß es ein Auftrag Gottes sei, half mir, alle Widerstände zu überwinden, an denen es nicht fehlte. Es kamen allerlei Warnungen. Und gerade von Freundesseite wurde mir geschrieben, es sei ein zu großes Wagnis, jetzt einen ganzen

Band von 76 Predigten herauszugeben! Es würde bei der herrschenden Verarmung niemand das Geld haben, ihn zu kaufen. Ich ließ mich aber nicht irre machen. Lange grübelte ich über den Titel nach, der am besten dem Inhalt entspräche. Endlich fand ich ihn: »Glaubet an das Licht!«, sollte er heißen. Auch die Farbe des Einbandes durfte ich bestimmen und bat, zur Verwunderung von Herrn Mohn, daß er nicht schwarz werden solle wie damals bei Predigtbüchern üblich, sondern hellblau wie die Farbe des Himmels.

Zu Weihnachten hielt ich den stattlichen Band dankerfüllt in den Händen und konnte Papa und allen Geschwistern je ein Exemplar zum Geschenk machen. Es erwies sich auch bald, daß alle Sorge um den Verkauf unnötig gewesen war. Innerhalb eines Jahres war die erste Auflage ausverkauft. Von vielen Seiten erhielt ich Briefe, in denen mir für die Herausgabe dieser Predigten gedankt wurde. »Ihr Mann hat jetzt in Deutschland auch eine Gemeinde«, schrieb mir jemand. Mir aber war es eine Herzensfreude, daß Traugotts Wort nun weiter wirken durfte für seinen Herrn und Meister Jesus Christus.

Der große Band »Glaubet an das Licht« erlebte noch zwei Auflagen. Wie mir erzählt wurde, soll durch Mitwirkung dieser Predigten in einigen Gemeinden Norddeutschlands eine Erweckung entstanden sein. Ein bekannter Professor der Theologie sagte, er hätte erst an diesen Predigten das richtige Predigen gelernt. Ein Pastor, mir persönlich unbekannt, schrieb mir, wie tief ihn die Predigten in die Buße geführt hätten. Eine Missionarsfrau erzählte mir, wie bei den schweren Verfolgungen und Räubergefahren, die sie in China durchgemacht, ihr Mann immer wieder zu diesem Predigtband gegriffen habe, um sich daraus neue Kraft zu holen. Dies sind nur wenige Beispiele von vielen ähnlichen Zeugnissen. Sie waren mir eine Bestätigung des Auftrags.

In den folgenden Jahren durfte ich noch einen kleineren Band von 17 Predigten unter dem Titel »Dienet dem Herrn mit Freuden« herausgeben und einen Band Kinderpredigten, mit dem Titel »Komm, o mein Heiland Jesus Christ, meines Herzens Tür dir offen ist.« Von letzteren teilte mir Herr Mohn eines Tages mit, daß von Schweden aus eine Bitte an ihn gerichtet worden sei, sie ins Schwedische übersetzen zu dürfen. Die Summe, die ich dafür bekam, brachte mir die Mittel, die ich damals gerade brauchte, um eine meiner Töchter eine hauswirtschaftliche Schule besuchen zu lassen. Das war für sie ein Geschenk des Vaters.

Gottes Güte ist alle Morgen neu

Dieses Wort hatte mir einst in Dorpat eine Freundin unseres Hauses als Wandspruch geschenkt. Nun hing er auch in Gütersloh in meinem Schlafzimmer, und seine Wahrheit durfte ich in all den nicht leichten Witwenjahren stets aufs neue erfahren.

Bei der großen Lebensmittelknappheit, die nach dem Krieg in Deutschland herrschte, hätte es für uns, die wir als Flüchtlinge ganz fremd waren, wenig Geld und gar keine Beziehungen zum Lande hatten, sehr schwer werden können. Schickte ich die Kinder aus, um bei den Bauern der Umgebung nach Eiern zu fragen, so kamen sie stets mit leeren Körben zurück. Sie waren viel zu schüchtern, um ihre Bitte richtig vorzutragen. Zu Hause vertieften sie sich in mein Kochbuch, als wäre es das allerinteressanteste Geschichtenbuch und erlabten sich in ihrer Phantasie an den schönen Speiserezepten.

Soviel ich mich erinnere, haben wir jahrelang kein Fleisch gegessen. Gab es mal Sauerkraut, so sagte ich den Kindern: »Jetzt denkt euch den Schweinebraten dazu.« Und doch, wenn man mich fragen würde, wie Jesus einst seine Jünger fragte: »Habt ihr je Mangel gelitten«, müßte ich wie sie sagen: »Nie keinen.« Das Nötige war immer da. Es kam auf eine ganz überraschende Art und immer von unerwarteter Seite. War meine Speisekammer leer, so brachte mir die Post des öfteren ein Paket, in dem sich gerade das befand, was wir zur Ernährung brauchten: Mehl, Bohnen, Linsen, Erbsen oder gar eine Flasche Öl und manches Stück Speck.

Diese Sendungen kamen aus den verschiedensten Gegenden Deutschlands, aus Ostpreußen, aus Ostfriesland, aus Württemberg. Sie kamen von ganz fremden Leuten, die mir aufs freundlichste schrieben, sie hätten von meinem Schicksal gehört, und nun bäten sie mich, diese Gaben von ihnen anzunehmen. Die Geber habe ich nie kennengelernt, aber es war von vornherein deutlich, daß sie Boten Gottes waren und in seinem Auftrag handelten. Das erfüllte mein Herz mit Dank gegen den Geber aller Güter.

Diese gütige Vaterhand war es auch, die uns gerade nach Gütersloh geführt hatte, wo im Unterschied zu weiten Strecken des deutschen Landes ein reges kirchliches Leben herrschte. Mein Vetter, Propst Konrad von zur Mühlen aus Estland, der uns damals in Gütersloh besuchte und anläßlich einer Gustav-Adolf-Tagung durch viele deutsche Städte gekommen war, nannte Gütersloh eine Oase auf kirchlichem Gebiet. Die beiden evangelischen Kirchen, die schöne alte Apostelkirche wie auch die große neue Kirche waren sonntäglich gefüllt von einer großen Gemeinde.

Besonders gern wurde Pastor Niemann gehört, obgleich er in manchen Kreisen als liberal galt. Er mag es gewesen sein, doch verstand er es, die Menschen zu fesseln. Er gab nicht alles, aber was er gab, war echt. Ich ging ohne Kritik in die Kirche, nur hungernd nach göttlichem Trost und nahm immer etwas mit. Schon die Stille vor Beginn des Gottesdienstes und erst recht die Lieder stärkten und erquickten mich.

Als ich Estland verließ, hatte ich mir gesagt, eine irdische Heimat finde ich nie mehr, die lasse ich für immer hinter mir, aber die Kirche Jesu Christi, die ist überall, die wird mir Heimat sein.

Und so war es. In Gütersloh blieb ich in gewissem Sinn immer ein Fremdling, aber in der Kirche fand ich Heimat. Sie auch nur *einen* Sonntag entbehren zu müssen, wäre ein Opfer für mich gewesen. Ich bedauerte nur, daß unsere Kirchen nicht auch wochentags geöffnet waren wie die katholischen. Wie gerne wäre ich, vom Markt oder anderen Besorgungen kommend, schnell mal da eingekehrt zu stillem Gebet.

Nicht ohne Bedeutung ist für mich die Gütersloher Frauenhilfe gewesen, die von Pastor Niemann vorbildlich aufgebaut war. Von den 150 Helferinnen hatte jede straßenweise eine größere Anzahl Familien zu besuchen und zu betreuen, wobei der Schwerpunkt nicht darauf lag, ihnen äußere Hilfe zu bringen, sondern sie ins Leben der christlichen Gemeinde hineinzuziehen. Auf der monatlichen Versammlung des Helferkreises wurden einschlägige Fragen besprochen und Aufträge erteilt. Pfarrer Niemann verstand es, außer einer kurzen Bibelbetrachtung, stets etwas Wertvolles aus dem kirchlichen Leben mitzuteilen.

Hier meldete auch ich mich zur Mitarbeit, und das wurde mir selbst eine Hilfe. Ich bekam als Helferin einige Familien zugewiesen, und als ich nun anfing, in Gütersloh an fremdem Leid und fremder Freude teilzunehmen, half mir das, vom eigenen Leid wegzusehen. Ganz besonders trieb es mich zu denen, die Kummer hatten. Es war mir in jener Zeit geradezu ein Herzensbedürfnis, ihnen von dem Trost mitzuteilen, der mir selber geworden war. Daneben war es wertvoll für mich, daß ich unter den Helferinnen christlichen Persönlichkeiten begegnete, deren selbstlose Tatkraft und Einsatzbereitschaft bewundernswert war.

In diesem ersten Winter in Gütersloh traf mich ein neuer Verlust. Meiner geliebten Schwester Frieda, die wir krank in Reval zurücklassen mußten, war es gelungen, mit einem Flüchtlingsschiff nach Deutschland zu gelangen. Sie befand sich in Badenweiler zur Kur und hoffte noch auf Genesung. Ich aber ahnte, daß sie diese nicht mehr finden würde, und so bin ich trotz großer Reiseschwierigkeiten noch zweimal von Gütersloh aus zu ihr gereist. Es war ein schmerzliches und doch schönes Wiedersehen, die einzige Freude, die ich ihr, der Schwerleidenden, noch machen konnte, und ein letzter Abschied. Schon im März 1920 erhielt ich ein Telegramm, daß Frieda heimgegangen sei. So schlug dieses treue Schwesternherz auch nicht mehr. Die Erde wurde immer leerer für mich, die obere Schar aber größer. Denn auch Frieda, diese tiefe, gereifte Christin, durfte ich in der Herrlichkeit wissen. Als Grabspruch hatte sie das Wort Jesaja 38, 17 gewählt: »Siehe, um Trost war mir sehr bange. Du aber hast dich meiner Seele herzlich angenommen, daß sie nicht verdürbe.«

Das neue Heim in der Feldstraße 14

Im Frühjahr 1920, bald nach Friedas Heimgang, eröffnete mir Frau Mohn, daß sie über unsere Wohnung anders hätte verfügen müssen. Ihre verwitwete Tochter aus Württemberg zöge mit ihren Kindern nach Gütersloh, und sie könnten ihr nur Platz schaffen, indem sie unser Quartier freimachten. Ihr Mann hätte uns aber eine Wohnung im Hause des kürzlich verstorbenen Professors Zander, in der Feldstraße 14, vermittelt.

Im ersten Augenblick war ich so erschrocken, daß ich in Tränen ausbrach. Der Gedanke an einen Wechsel fiel mir schwer. Dennoch ist es das Richtige gewesen. So wertvoll es war, daß wir den ersten schweren Winter in Deutschland in dem so gepflegten Mohnschen Hause zubringen konnten, in dem es Zentralheizung und andere Bequemlichkeiten gab, so bedeutete es doch eine Verbesserung, daß wir jetzt in eine größere Wohnung zogen, in der wir mehr Platz und Selbständigkeit hatten. Das sollte mir einige Jahre später die Möglichkeit geben, Pensionäre zu nehmen.

Das geräumige, altmodische Haus lag dem in Deutschland gut bekannten Gütersloher Gymnasium gegenüber. Ein großer Garten gehörte dazu, der unsere ganze Freude werden sollte. Hier konnten meine Kinder den größten Teil ihrer Freizeit verbringen und hatten es darin denkbar schön. In der schattigen, weinumrankten Laube nahmen wir oft unsere Mahlzeiten ein. Die Obstbäume trugen wohlschmeckende Äpfel und Birnen, auch etwas an Gemüse und Erdbeeren konnten wir ziehen. In der Hauptsache aber gedieh im Garten eine wundervolle Blumenpracht. Wie dankbar war ich, daß wir nicht zwischen Steinmauern zu wohnen brauchten, sondern umgeben waren von einem Stückchen Natur, denn an unseren Garten schlossen sich noch andere Gärten an, die nur durch hohe Hecken voneinander getrennt waren.

Aber die ersten Winter in der neuen Wohnung waren nicht leicht für mich. Sie brachten mancherlei Mühsal. Das alte Haus war sehr verwohnt. Jahrelang hatte kein Handwerker auch nur die kleinste Reparatur vorgenommen. Diesem Übelstand verdankten wir es wahrscheinlich, daß man uns trotz der großen Wohnungsnot diese Wohnung neidlos überließ. Elektrisches Licht war nicht vorhanden, nur zwei Zimmer hatten Gaslampen, die stets undicht waren und uns beinahe vergiftet hätten. Die übrigen Räume wie der große Korridor lagen im Dunkeln und wurden nur durch eine winzige Petroleumlampe dürftig erleuchtet. Auch andere notwendige Bequemlichkeiten fehlten.

Sehr nachteilig war es, daß die Waschküche außerhalb des Hauses lag und keine Wasserleitung hatte. So mußte ich am Waschtag in aller Morgenfrühe das Wasser in der Küche pumpen und Eimer für Eimer in die nicht ganz nahe Waschküche schleppen. Die Wäscherin nämlich, die ich nach vieler Mühe gefunden hatte, verlangte, daß die Wäsche schon im Kessel brodle, wenn sie käme. Als ich das erstemal, nichts ahnend von solchen Gepflogenheiten, ihr alles überlassen hatte, überhäufte sie mich mit Vorwürfen. So war es jedesmal ein schwarzer Tag, wenn wir große Wäsche hatten. Ich fürchtete mich richtig, denn ich mußte selber mitwaschen, was mir völlig ungewohnt war und mich sehr erschöpfte.

Es war gerade Adventszeit, als ich am Abend eines solchen Waschtages etwas unerwartet Schönes erleben durfte. Todmüde von der Anstrengung hatte ich mich für einige Augenblicke hingelegt, als hinter meiner Tür ein vierstimmiger Gesang ertönte: »Ich lag in tiefer Todesnacht, du wurdest meine Sonne«, so erklang es in dem herrlichen Bach-Satz. Tief ergriffen lauschte ich, dann öffnete ich die Tür. Vor mir stand das bekannte Röthig-Quartett aus Leipzig, das sich auf einer Konzertreise befand und am selben Abend in Gütersloh singen sollte. Nach ihrer Gewohnheit suchten sie vorher einige traurige oder kranke Menschen auf, um sie mit ihrem Lied zu erfreuen. Auf früheren Konzertreisen hatten sie im fernen Reval am Rollstuhl meiner kranken Schwiegermutter gesungen, jetzt sangen sie mir Trost und Freude ins Herz und stellten ein schönes Alpenveilchen vor das Bild meines Mannes. Wie wohltuend sind solche kleinen Zeichen der Liebe. Es sind Sonnenstrahlen aus dem Herzen Gottes. Und er wußte, daß ich sie brauchte.

Zu meinen besonderen Schwierigkeiten gehörte das Heizen. Im Baltikum waren wir durch große Kachelöfen verwöhnt gewesen, die nur mit großen Holzscheiten geheizt wurden und bis zum nächsten Tage warm blieben, ohne daß man sich um sie zu kümmern brauchte. Auf Kohleöfen verstand ich mich gar nicht, es fehlte mir auch das richtige Kleinholz zum Anmachen. So mühte ich mich oft lange vergebens, bis das Feuer brannte, und da die Fenster in dem alten Hause undicht waren, auch die alten Öfen nicht viel taugten, froren wir im Winter jämmerlich.

Viel zu schaffen machte mir die Kälte in der Küche, in der nur ein kleiner Gaskocher stand. Auf dem kalten Steinfußboden konnte ich es nur mit Gummischuhen an den Füßen aushalten und kochte im Mantel mit blaugefrorenen Fingern. So sah ich dem kommenden Winter stets mit Zittern entgegen, bis sich die Verhältnisse einige Jahre später unerwartet zum Besseren wendeten.

Neben allen Mängeln hatte das alte Haus den Vorzug, daß wir viel Platz hatten. Auch die Möbelbeschaffung gelang. Für den Erlös meines Dorpater Haushalts hatte ich manches notwendige Einrichtungsstück kaufen können. Außerdem war ich dauernd auf Auktionen und erstand dort sehr schöne Mahagonischränke und Tische, die von den übrigen Kauflustigen nicht begehrt wurden, da damals schwarze Eiche modern war. Außerdem kam eine Verfügung heraus, daß Flüchtlingsgut unentgeltlich vom Baltikum nach Deutschland geschickt werden könne. So benutzte meine Schwester Julie die Gelegenheit, um mir aus Reval verschiedene Möbel aus dem Haushalt meiner Mutter zuzusenden. Zu meiner Freude war auch der Flügel meiner verstorbenen Schwester Frieda dabei. Nun konnten wir sogar musizieren und waren wieder umgeben von eigenen Sachen.

8. Kapitel

Inflationszeit

Deutschland stand damals noch unter den Nachwehen des ersten Weltkrieges. Nirgends war wirklicher Friede. Im Osten kämpfte noch die eiserne Division, der Westen seufzte unter der französischen Besatzung. Auch im Innern sah es nicht gut aus, überall Hader und böse Ausschreitungen. Unzählige, die im Kriege Gesundheit und Leben fürs Vaterland eingesetzt hatten, waren arbeitslos, ohne Existenz und Hoffnung. Die Besten von ihnen litten tief unter der Erniedrigung des Vaterlandes.

Das eigentlich Erschreckende aber war der Geist des Aufruhrs, der um sich griff, eines Aufruhrs, der sich im Grunde gegen Gott und seine Ordnungen richtete.

Eine umfassende »Gottlosen-Propaganda« spannte zuerst im geheimen, dann immer offener ihr Netz mit aufreizenden Vorträgen über Dörfer und Städte. Als ein solcher Vortrag auch in Gütersloh stattfand, ging ich hin, um über diese Kampfesweise im Bilde zu sein. Der Redner griff mit großem Pathos und wenig Sachkenntnis nicht nur die großen Männer unserer deutschen Vergangenheit an, sondern in unerhörter Weise auch den christlichen Glauben. Aus dem von Menschen dicht besetzten Saal erklang hie und da Beifall. Da baten zwei Gütersloher Pfarrer, die ebenfalls erschienen waren, ums Wort. Der erste wies in sachlich klarer und überzeugender Weise die Unrichtigkeiten des Vorredners zurück. Der andere legte ein schlichtes Zeugnis seines Glaubens ab und sagte, daß er nicht wüßte, wie er seine Kinder erziehen sollte ohne den Glauben an Gott und den Heiland Jesus Christus. Beide Redner machten Eindruck. Das war mir besonders wichtig für all die vielen noch unentschiedenen und daher der Propaganda so leicht erliegenden Menschen. Der Erfolg war für die mit mir hingegangenen jungen Menschen der, daß sie sich bewußt wurden, welch hohes Gut es zu verteidigen galt.

Wie dankbar mußte ich sein, daß Gott mich und meine Kinder nicht in eine Großstadt, sondern in das kleine Gütersloh geführt hatte. Auch bis hierher brandeten die Wellen des Zeitgeistes, aber es war doch noch ein starkes Bollwerk dagegen vorhanden. Im großen Saal der Mädchenschule, die meine drei Töchter besuchten, stand in großen Buchstaben an der Wand als Bekenntnis und Mahnwort zugleich: »Die Furcht des Herrn ist der Weisheit Anfang.« Und das Stiftische Gymnasium, in dem mein Sohn Schüler war, pflegte noch bewußt den christlichen Geist seiner einstigen Gründer. »Soli Deo Gloria« stand über seiner Eingangspforte.

Wirtschaftlich wurde die Lage auch in Gütersloh immer trostloser. Als die Geldentwertung begann und die Preise sich täglich ins Uferlose steigerten, glich ganz Deutschland einem Tollhause. Ein Kleid, das morgens noch für zehntausend Mark zu haben war, kostete nachmittags schon hunderttausend, und bald rechnete man mit Millionen und Billionen. Alte Menschen, wie unsere liebe Tante Bertha, konnten sich überhaupt nicht mehr mit dem Geld zurechtfinden, und manche, die diese Zahlen zu rechnen und zu verbuchen hatten, verloren dabei den Verstand. Wohlhabende Menschen wurden mit einem Schlage arm. Sie sahen all ihr mühsam durch ihr langes Arbeitsleben Erspartes in nichts zerfließen und anstatt ein sorgenfreies Alter zu haben, standen sie voll Bitterkeit und Verzweiflung am Bettelstabe.

Persönlich war ich Sorgen dieser Art enthoben, da ich weder eine Pension erhielt, noch ein Kapital mehr besaß, das ich hätte verlieren können. Dennoch wurden auch wir von der Inflation schwer betroffen. Mein Mann hatte seinerzeit von Dorpat aus sein Leben bei der »Leipziger Allgemeinen« versichert und auch die älteren drei Kinder dort eingekauft. Ich hatte auf dieses Geld gehofft, erhielt nun aber die Nachricht, daß es durch die Inflation als verloren anzusehen sei. Das war schmerzlich.

Es sollte uns aber noch ein anderer Verlust treffen. Ich hatte mich, ehe noch von Inflation die Rede war, dazu entschlossen, die sehr wertvolle theologische Bibliothek meines Mannes zum Verkauf anzubieten. Da meine Kinder noch zu klein waren, um sie zu benutzen, wollte ich das Geld, das ich dafür bekam, anlegen, um davon einstmals das Studium meines Sohnes bestreiten zu können. War dies vielleicht eine falsche Vorsorge für den kommenden Tag? Erfreut vernahm ich zunächst, daß Schweizer Pfarrer die Bibliothek gekauft und sie ihrerseits der Universität Tübingen geschenkt hätten!

Aber mit der fortschreitenden Inflation schmolz die sehr namhafte Summe, die ich dafür erhielt, zu einem winzigen Rest zusammen, und so waren wir nicht nur des Geldes, sondern auch der wertvollen Bibliothek verlustig gegangen. Das sah zunächst betrüblich aus, aber Gott fand Mittel und Wege, meinen Kindern dennoch das Studium zu ermöglichen. Auch hier waren seine Wege wunderbar. Als etwa fünf Jahre später sowohl mein Sohn als auch meine Tochter vor dem Abitur standen und wir noch nicht wußten, wie das Studium zu bestreiten sei, bekam ich kurz vor Weihnachten völlig unerwartet ein Schreiben der Leipziger Versicherungsgesellschaft, daß ein Teil der Versicherungen nun doch aufgewertet würde und sie mir für jedes Kind eine Summe von etwa 900 Mark zusenden könnten. Ich behielt das Geheimnis zunächst für mich und übergab erst am Weihnachtsabend unter dem Weihnachtsbaum den Kindern das Geld in einem geschlossenen Umschlag, auf den ich die Worte schrieb: »Aus dem

Himmel vom Vater« und dazu den Vers, den wir in Dorpat oft gesungen hatten:

>»Sind wir schwach, der Herr gibt Stärke,
sind wir arm, der Herr ist reich,
wer ist unserem König gleich?
Unser Gott tut Wunderwerke,
sagt, ob der nicht helfen kann,
dem die Himmel untertan?«

In dieser Zeit war es eine Hilfe, wenn man »einen Onkel in Amerika« hatte. In dieser glücklichen Lage waren wir. Er war freilich gar nicht reich, der liebe alte Onkel Heinrich Beiderbecke, der Schwager meines Schwiegervaters. Er war Witwer und emeritierter Pastor und lebte selbst in sehr bescheidenen Verhältnissen. Aber er faßte ein warmes Herz für mich, seine unbekannte Nichte, mit den vier vaterlosen Kindern in Europa, und so schickte er mir nicht nur selber gelegentlich etliche Dollar, sondern bewog auch seine Bekannten ein Gleiches zu tun. Und was bedeutete damals ein Dollar! Für einen Dollar kaufte ich meinem Sohn einen Wintermantel, für einen Dollar meinen Töchtern ein Fahrrad, das uns manche Gänge ersparte. Wie freudig solch ein Brief aus Amerika begrüßt wurde, kann sich jeder denken. Aus den mancherlei Durchhilfen, die mir dadurch zuteil wurden, sei nur eine herausgegriffen. Mit einer meiner Töchter war ich, einer leichten Rückgratverkrümmung wegen, beim Spezialarzt in Bethel bei Bielefeld gewesen. Die Heilgymnastik, die er ihr verordnete, war, verbunden mit den dazu nötigen Fahrten, zu kostspielig für meine Verhältnisse. In der Sorge, wie ich das Geld dazu aufbringen sollte, fuhr ich nach Hause. Dort fand ich einen Brief von unbekannter Hand aus Amerika vor, der in Dollar gerade die nötige Summe enthielt, die ich brauchte.

Damals richtete ich ein Heft ein, in das ich solche Liebesgaben eintrug unter der Überschrift: »Vergiß nicht, was er dir Gutes getan hat.« Wenn ich dieses Büchlein jetzt zur Hand nehme, so kann ich nur staunen über die merkwürdigen Zahlen, die dort stehen und ebenso über die verschiedenartigen Menschen, die mir über diese schwierige Zeit hinüber halfen. Da lese ich zum Beispiel den Namen eines schlichten alten Fräuleins aus Essen, das mir nur durch Briefe bekannt war. Es fühlte sich, obgleich selbst ganz unbemittelt, durch das Andenken an meinen Mann, von dessen Schicksal es erfahren hatte, gedrungen, mir monatlich eine kleine Geldsumme zu schicken. So sandte es mir am 6. Oktober 1923 50 Millionen, im November aber bereits 30 Milliarden zu! Von einer Bankbeamtin aus Hamburg, die meinem Schwiegervater für ihr inneres Leben viel verdankte, erhielt ich im Dezember desselben Jahres 1923 250 Billionen! Sie verdiente große Summen und hatte meinem Schwiegervater erklärt, so lange sie etwas hätte, würde sie wie eine Schwester für mich sorgen. Sie tat es tatsächlich in freundlichster Weise, bis auch sie alles verlor. Wieviel die vermeintlichen Billionen in Wirklichkeit wert waren, erhellt die Tatsache, daß ich für 1 Billion gerade ein Brot für meine Kinder kaufen konnte, ebenso daraus, daß die oben genannte Freundin aus Essen mir im Januar 1924, also zwei Monate später, 2 Reichsmark zusandte, die dem Werte der 30 Milliarden vom November entsprachen. Die Währung hatte sich stabilisiert, die Rentenmark war eingeführt, und damit traten normalere Verhältnisse ein.

Mit großem Dank gedenke ich noch heute all der lieben Menschen, die für eine Zeitlang wie Kometen am Himmel auftauchten, um dann wieder zu verschwinden: der liebe gute Onkel Heinrich, den jetzt schon lange der Rasen deckt, die freundlichen unbekannten Geber und Geberinnen aus Amerika und die lieben Freunde aus Deutschland, deren Namen ich hier nicht alle aufzählen kann. Sie waren bewußt oder unbewußt Gottes Handlanger, die mich und meine Kinder über Wasser hielten.

9. Kapitel

Berufsnöte und ihre Lösung

So stärkend die Erfahrung all dieser unerwarteten Hilfsquellen war und soviel sie mir im Augenblick weiterhalfen, so war unsere Existenz doch menschlich gesehen völlig ungesichert. Wie lange würde mein Schwiegervater in seinem Alter noch imstande sein, für mich und meine vier Kinder das Nötige aufzubringen, und was dann? Je länger je mehr wurde es daher mein dringender Wunsch, zu einer selbständigen Arbeit und Erwerbsmöglichkeit zu kommen, um selber für meinen und der Kinder Unterhalt sorgen zu können. Aber wie sollte ich das anfangen? Wie sehr bedauerte ich, daß ich als junges Mädchen keine Berufsausbildung erhalten hatte.

Da damals unzählige, vorzüglich ausgebildete Kräfte Arbeit suchten, sah die Sache recht hoffnungslos für mich aus. Aber ich wußte, daß ich auch diese Sorge auf Gott werfen durfte, und es war nicht vergeblich. Zunächst sah ich mich nach verschiedenen Seiten um und beschloß, mir eine Ausbildung für Büro-Arbeit zu verschaffen. Als ich in der Zeitung ein Inserat las, daß ein alter Herr Unterricht in Buchführung gebe, meldete ich mich bei ihm an, wälzte Kontobücher und rechnete und buchte im Schweiße meines Angesichts. Doch kam ich bald dahinter, daß ich für diese Arbeit nicht geschaffen war.

Ebensowenig wollte es mir glücken, als ich vorübergehend die Vertretung einer Wäschefirma übernahm, und zwar bei einem Verwandten von Onkel Heinrich aus Amerika, Herrn L., der in Bielefeld ein großes Leinengeschäft hatte. Das freundliche Erlebnis, das mich mit diesem Menschen zusammenführte, möchte ich hier festhalten.

Ich war mit Annemarie, die damals 15 Jahre alt war, in Bielefeld beim Ohren- und Nasenarzt gewesen, der ihr einen Polypen entfernt hatte. Als wir schon auf der Straße waren, stellte sich plötzlich starkes Nasenbluten bei ihr ein, wodurch eine Rückreise mit der Eisenbahn im Augenblick unmöglich wurde. Wohin sollte ich mit dem blutenden Kinde in der mir fast noch fremden Stadt? Da fielen mir jene Verwandten ein, auf die Onkel Heinrich mich aufmerksam gemacht hatte, und wir sprachen dort vor.

Hier durften wir nun eine ganz reizende Gastfreundschaft erfahren. Sofort wurde der Arzt gerufen, und alles geschah, um das immer noch strömende Blut zu stillen. Aber nicht genug damit. Auf die dringende Einladung des Ehepaars hin blieb Annemarie noch mehrere Tage bei ihnen bis zu ihrer völligen Erholung und wurde wie eine Tochter gepflegt, während ich zu meinen anderen Kindern zurückkehrte. Daß diese Menschen, denen wir fremd und unerwartet und dazu noch pflegebedürftig ins Haus schneiten, uns so herzlich und hilfsbereit entgegenkamen, bleibe ihnen unvergessen.

Als Herr L. von meinen Berufssorgen hörte, machte er mir den Vorschlag, es mit einer Vertretung seiner Haus- und Leibwäsche zu versuchen. Zögernd ging ich darauf ein, aber Herr L. hatte leider kein Glück mit mir. Ich war viel zu schüchtern, um seine Ware richtig anzupreisen und die Menschen zu einem Kauf zu überreden, noch dazu da meine baltischen Landsleute, an die ich mich wenden sollte, selber Flüchtlinge waren und die vorzügliche, aber auch teure Wäsche nicht bezahlen konnten.

Unerwartet bahnte sich aber etwas anderes an. Einer kleinen Schulkameradin von Beate hatte ich in Englisch und Französisch nachgeholfen, ohne im geringsten an Geldverdienen zu denken. Ihre Mutter, die ein Geschäft für Haushaltsartikel hatte, wollte sich erkenntlich zeigen und schickte mir einmal einen Kochtopf und ein andermal einen schönen Wasserkessel zu. Das brachte mich auf den Gedanken, es mit Nachhilfestunden zu versuchen.

Daraufhin setzte ich mich nun mit den Lehrkräften des Lyzeums in Verbindung und hatte bald so viele Schülerinnen, daß ich drei bis vier Stunden täglich zu geben hatte. Abends nahm ich selber an einem Stenographiekursus für Einheitskurzschrift teil und gab, nachdem ich ihn beendet hatte, auch darin einige Privatstunden für Schnellkurse. Dies alles trug mir nicht allzuviel ein, denn da ich mir selber nicht viel zutraute, nahm ich nur geringe Preise. Immerhin konnte ich davon unsere monatliche Miete bestreiten. Es war ein hoffnungsvoller Anfang, der mir Mut machte.

Ganz ohne mein Zutun tat sich ein Weg auf, der mich zu größerer Selbständigkeit führen sollte. Ein uns bekanntes baltisches Pastorenehepaar wollte seinen Sohn, der im Alter meines Jungen stand, auf das Gütersloher Gymnasium geben und bat mich, ihn in Pension zu nehmen. Dies wurde der Anfang zu einer Schülerpension, die ich mehrere Jahre hindurch geführt habe, denn dieser erste Pensionär zog andere nach sich.

Auch hierfür hätte ich von mir aus nicht den Mut gefunden, aber es machte sich alles wie von selber. Eine sehr liebe Freundin unseres Hauses, Fräulein Else von Ledebur, Schwägerin von Pastor Fritz von Bodelschwingh, die uns von Anfang an aufs freundlichste in Gütersloh entgegengekommen war, löste ihres Alters wegen ihre Jungenpension auf und vermittelte es, daß ihr Neffe, Gerhard von der Recke aus dem Hause Obernfelde, zu uns gegeben wurde. Dieser junge Mensch war durch sein feines und taktvolles Wesen bei Kameraden und Lehrern gleich beliebt. Er wurde nicht nur meinem Sohn, sondern uns allen ein lieber Freund. Auch zwei seiner Schwestern kamen später zu uns in Pension, um die obere Klasse des Lyzeums zu besuchen. Es entstand mit der Familie von der Recke bald ein herzliches und dauerndes Freundschaftsverhältnis.

Eine notwendige Voraussetzung für das mit dieser Jungenspension entstehende neue Kapitel unseres Lebens war kurz vorher geschaffen worden, nämlich die Instandsetzung unserer Wohnung durch die Anlage von Licht und Wasser. Das war so zugegangen: An einem besonders kalten Wintertag, als alle Kinder in der Schule und ich allein zu Hause war, hörte ich ein merkwürdiges Rauschen und entdeckte zu meinem Entsetzen, daß durch die grimmige Kälte draußen ein Rohr geplatzt war und das Wasser in großen Wellen die Kellertreppe hinunter strömte. Als es mir endlich gelungen war, im überschwemmten Keller den Haupthahn zu schließen und eimerweise das eisige Wasser abzuschöpfen, stellte sich heraus, daß der Fußboden der Küche durchgebrochen und über unserem Kartoffelkeller zusammengestürzt war. Das konnte nicht so bleiben. So begab ich mich zu einem der Herren des Kuratoriums, der über das Haus zu bestimmen hatte, erlebte aber die Enttäuschung, daß er meine Bitte um Instandsetzung nicht nur schroff ablehnte, sondern mit Kündigung drohte, wenn solche Sachen passierten.

Tief bedrückt ging ich die nächsten Tage umher, und es war mir kein Trost, daß im Alumnat, das dem gleichen Kuratorium unterstand, dasselbe passiert war. Ich grübelte darüber nach, wie ich das Geld beschaffen könnte und was werden sollte, wenn ich die Wohnung verlor. Aber, »wenn die Stunden sich gefunden, bricht die Hilf mit Macht herein« – das durfte ich wieder einmal erleben. Statt der Kündigung wurde mir bald darauf mitgeteilt, das Kuratorium hätte beschlossen, das untere Stockwerk unseres Hauses als Lehrerwohnung einzurichten und bei der Gelegenheit das ganze Haus mit Licht- und Wasseranlagen zu versehen. Auch andere notwendige Verbesserungen sollten vorgenommen werden.

Welch eine Freude und Erleichterung! Gerne opferte ich dafür zwei Zimmer im unteren Stockwerk und die kalte Küche, kochte es sich doch so viel besser in der kleinen Wohnküche oben, für die ich mir eine Grude, die damals gerade aufkam, anschaffte. Da ich sechs Räume und zwei ganz nette Dachkammern behielt, hatte ich immer noch Platz genug, um vier Jungens in Pension zu nehmen. Als ich später dadurch mehr Geld in der Hand hatte, konnte ich allmählich ein Zimmer nach dem andern neu tapezieren und die Fußböden streichen lassen. So wurde unser Heim immer schöner und wohnlicher. Und wieviel größer war die Freude über jeden solchen Fortschritt in der lang entbehrten Kultur, als wenn mir alles mühelos in den Schoß gefallen wäre!

Mit den drei Lehrerfamilien, die nacheinander unter uns wohnten, haben wir uns im ganzen gut vertragen und keine ernstlichen Konflikte gehabt, obgleich es nicht ganz leicht war, da wir denselben Hausflur teilten und die vielen Jungensfüße, trotz meiner Ermahnung, nicht immer allzu leise die Treppe hinunterpolterten. Bei den nicht zu vermeidenden gelegentlich auftretenden Schwierigkeiten stand mir das Bibelwort mahnend vor Augen: »So viel an euch ist, so habt mit jedermann Frieden.« Dazu das noch forderndere: »Jaget dem Frieden nach.« Es war mir ganz klar, daß der Friede im Hause mehr wert sei, als unter allen Umständen sein vermeintliches Recht durchsetzen zu wollen.

Im Lauf der Jahre sind eine ganze Anzahl lieber Jungen durch unser Haus gegangen, die ebenso wie mein Sohn das Gymnasium besuchten. Von nun an stand die Schule im Mittelpunkt unseres Lebens. Wie würde die Mathematikarbeit ausfallen? Wie bewältigt man dieses Aufsatzthema? Wie wird es mit der Versetzung? Das waren immer neu auftauchende, spannende Fragen.

Da unsere Pensionäre fast immer Schüler der oberen Klassen

waren, hatte ich mit der Disziplin keine Schwierigkeiten. Dafür sorgte schon mein eigener Sohn, daß man seiner Mutter mit Achtung begegnete. Als ein kleiner Junge es einmal wagte, mir eine ungebührliche Antwort zu geben, hat mein Sohn ihn derart angefahren, daß er es nie mehr gewagt hat. Doch gab es Sorgen anderer Art. Die meisten unserer Jungen waren nicht von allzugroßem Fleiß beseelt, und meine Versuche, dem abzuhelfen, fanden wenig Verständnis bei ihnen. Sehr bewegte mich auch die Frage, wieweit man einen Druck auf den Gottesdienstbesuch ausüben dürfe. In der Aula des Gymnasiums, die dicht neben unserem Hause lag, hielt sonntäglich der Anstaltspfarrer sehr gute Predigten, speziell für die Schüler. Dennoch zog es die Jungen mehr zum Sport als zur Kirche. Ich nahm es als selbstverständlich an, daß sie den Gottesdienst nicht ohne wichtigen Grund versäumten, doch konnte ich sie ja nicht zwingen, und es wurde mir auch deutlich, daß man keine starren Gesetze aufrichten kann.

Als mich einer von den Jungen einmal etwas unglücklich fragte: »Warum muß man denn immer sonntags zur Kirche gehen?« antwortete ich ihm: »Für alles andere, Wichtiges und Unwichtiges, hast du Zeit; solltest du nicht für deinen Gott diese eine Stunde in der Woche übrig haben?« Als aber ein anderer mich bat, einen Sonntag zu Hause bleiben zu dürfen, einfach aus der Unlust heraus, die in einem bestimmten Alter leicht eintritt, habe ich's ihm schweren Herzens erlaubt, da ich mir sagte, daß ein Zwang das Gegenteil erzeugen würde. Da erlebte ich die Freude, daß er mir am Abend dieses Tages sagte, daß ein Sonntag ohne Gottesdienst doch kein rechter Sonntag sei.

Ein Kummer war es mir, daß keiner meiner Jungen zu den sehr guten Vorträgen gehen wollte, die häufig von auswärtigen christlichen Rednern für die Jugend stattfanden. Als es mir einmal gelungen war, unseren Pensionär, Otto R., mitzunehmen, war ich sehr erfreut, erlebte aber eine große Enttäuschung. In der Hoffnung, ein begeistertes Urteil von ihm zu hören, fragte ich ihn auf dem Nachhauseweg nach seinem Eindruck von dem äußerst fesselnden und eindrucksvollen Vortrag. Seine Antwort lautete: »Ach, es war furchtbar langweilig.« Da erkannte ich, daß wir Menschen nichts erzwingen können, sondern auf Gottes Stunde warten müssen.

Es ist äußerst schwer, das Richtige in der Jugenderziehung zu treffen. Durch eigenes Versagen habe ich viel Verständnis dafür bekommen. Bei weltanschaulichen Gesprächen mit der stets radikal urteilenden Jugend bin ich oft zu leidenschaftlich für die eigenen Ansichten eingetreten und war zu stark in Kampfesstellung, anstatt mehr auf das innerste Anliegen und Suchen des jungen Menschen zu horchen.

Einmal fand ich bei einem meiner Jungen ein Buch, das ich nur als Schundliteratur bezeichnen konnte. Voll Empörung zerriß ich es und warf es vor seinen Augen in den brennenden Ofen. Er begehrte natürlich auf und wollte mir das Recht zu solcher Handlungsweise absprechen. Ich antwortete: »Wenn eine Giftschlange in mein Haus kommt, schlag ich sie eben tot.« Obgleich ich noch heute glaube, daß ich damit im Recht war, so weiß ich doch, daß es weiser und mehr im Sinne Jesu gewesen wäre, wenn ich nicht Feuer vom Himmel (diesmal den Ofen) zu Hilfe genommen hätte, sondern nach dem Wort gehandelt hätte: »Wisset ihr nicht, wes Geistes Kinder ihr seid?« (Luk. 9, 55). Der im Grunde unverdorbene Junge hatte das Buch von einem Kameraden geliehen erhalten, und ich hätte wahrscheinlich mehr ausgerichtet, wenn ich in Ruhe mit ihm über diese Sache gesprochen hätte.

Harmlose Nöte bereitete mir ein kleiner Holländer, der es an Bubenstreichen nicht fehlen ließ. Bald drehte er der Haustochter beim Kochen das Gas aus, oder er pflückte im Stadtpark verbotenerweise einen Blumenstrauß, den er mir höflichst überreichte. Ein andermal sprang er der Haustochter auf den Rücken, als sie gerade einen Pudding die Treppe hinuntertrug, der daraufhin in die Garderobe der unteren Mieter hineinfiel. Einmal klemmte er an einem Liegestuhl ein Stück seines Fingers ab. Als ich den heulenden Jungen zum Arzt brachte, blieb er plötzlich auf der Straße stehen und rief unter Schluchzen aufstrahlend: »Wie gut, daß es gerade die rechte Hand ist.« Auf mein erstauntes »Wieso?«, war die Antwort: »Nun brauche ich doch keine Arbeiten mehr zu schreiben.« In den folgenden Wochen war seine Hand verbunden, und ich habe dem kleinen Schlingel, der natürlich ständig dreckig war, öfters am Tage Hände und Füße gewaschen. Das fand er nun völlig überflüssig. »Warum tun Sie das, Sie brauchen das doch gar nicht«, fragte er mich immer wieder. Meine Antwort, daß ich keinen Dreckspatz, sondern einen sauberen Jungen im Hause haben wolle, leuchtete ihm nicht recht ein. Da er im Grund ein netter kleiner Kerl war, konnte ich ihm nicht böse sein, rang aber oft lachend die Hände und bat dann schließlich doch den Direktor des Gymnasiums, Dr. Fliedner, bei dem ich als Pensionsmutter stets ein freundliches Ohr und guten Rat fand, unseren Holländer lieber ins Alumnat zu geben. Er machte mir doch zu viel Arbeit, und ich hatte neben meinen Nachhilfestunden genug zu tun, um meinen Haushalt von neun bis zehn Personen zu versorgen.

Nachdem ich im ersten Jahr in Gütersloh allerlei Lehrgeld bezahlt hatte, machte mir die Hausarbeit zum Glück keine Schwierigkeiten mehr. Es stand mir jetzt freilich eine Haustochter bei, die aber den Haushalt erst bei mir erlernte und jedes Jahr wechselte. Es waren durchweg nette, liebe Mädel, mit denen ich die besten Erfahrungen machte. Sie lernten schnell selbständig kochen und waren gerne bei uns, denn durch die viele Jugend ging es fröhlich bei uns zu.

So war mir die Arbeit, um die ich Gott so inständig gebeten hatte, wie von selber zugefallen. Sie war verantwortungsvoll, denn es handelte sich ja um lebendige Menschen, die mir eine Zeitlang anvertraut waren. Ich muß in der Erinnerung vor Gott und den Menschen bekennen, ihnen viel schuldig geblieben zu sein. Sie stehen mir heute noch so lebendig vor Augen wie damals, diese an Charakter und Gaben so verschiedenartigen jungen Menschen, von denen eine ganze Anzahl schon in der Ewigkeit ist. Mit Wehmut aber auch mit Liebe gedenke ich ihrer.

10. Kapitel

Mütterliche Sorgen

So sehr der Kampf um die äußere Existenz meine Zeit und Kraft in Anspruch nahm, gab es doch weit größere Sorgen.

Seit Traugotts Tode waren meine Kinder der Hauptinhalt meines Leben. Ein großer Reichtum war mir mit ihnen geblieben. Aber die Verantwortung für ihre Erziehung drückte mich oft schwer. Jedes Kind hat ja seine Eigenart, in der es verstanden und richtig genommen werden will. Wieviel folgenschwere Entscheidungen sind zu treffen, wo soll man nachgeben, wo nein sagen? Wie gerne möchte man Zäune aufrichten und die Kinder gegen Versuchungen abschirmen, aber werden sie nicht gerade dadurch in den Widerspruch hineingetrieben, und wird nicht die Lust nach dem Verbotenen besonders geweckt?

Das waren Probleme, die bei jedem heranwachsenden Kinde neu auftauchten. Kinder ahnen wohl kaum, was die Mutter in der Stille an inneren Kämpfen durchmacht, wenn sie ihnen versagen muß, was sie sich so sehnlich wünschen, wie sie leidet, wenn sie ihr Kind in Gefahr wähnt. Wie wird man sich als Mutter seiner Ohnmacht bewußt, wenn fremde, unerwünschte Einflüsse die Hand nach dem geliebten Kinde ausstrecken!

Durch alle diese Nöte mußte ich als Mutter hindurchgehen und vermißte schmerzlich, daß der Vater den Kindern fehlte. Kraft seiner väterlichen Autorität hätte er gewiß manche Frage schnell und sicher gelöst.

Der Glaube des Elternhauses war von frühester Kindheit an tief in die Kinder eingepflanzt. Sie hatten ihn mit feinem Verständnis in sich aufgenommen und mich mit ihrem kindlichen

Gottvertrauen oft gestärkt. Aber sie waren alle sehr selbständige Naturen, und als sie älter wurden, wollten sie ihren Kinderglauben nicht um der Tradition willen beibehalten. Sie setzten sich so gründlich mit den gegnerischen Anschauungen auseinander, daß ich zeitweilig in heißer Sorge war, sie könnten ihren Glauben über Bord werfen. Das führte oft zu lebhaften Diskussionen zwischen meinen Kindern und mir, besonders als Annemarie, meine Älteste, während ihrer Ausbildungszeit zur Gewerbelehrerin in Rheydt in ganz anders denkende Kreise hineingeraten war. Sie kam von dort mit dem Eindruck zurück, daß in der ganzen Welt kein Mensch mehr so glaube wie bei uns zu Hause und brachte den dort aufgenommenen Widerspruch temperamentvoll zum Ausdruck. Solche Gespräche nahm ich mir sehr zu Herzen, ja ich war verzweifelt.

Als ich aber einige Tage nach einer solchen Auseinandersetzung eine Unterhaltung meiner Töchter mit ihren Freundinnen aus dem Nebenzimmer anhörte, stellte ich zu meinem größten Erstaunen fest, daß sie dort meine Ansichten vertraten. Da merkte ich, daß ihr heftiger Widerspruch nur ein Ringen um die Wahrheit war. Sie wollten meine Ansicht herausfordern, um sich selber zu klären. Nun erkannte ich, daß ich als Mutter einfach Geduld haben mußte.

Von großer Bedeutung war es in der Zeit der Berufsausbildung für meine Älteste, daß sie die Ferien bei uns in Gütersloh verbringen konnte und die Gottesdienste der Festzeiten, Weihnachten, Ostern und Pfingsten in einer lebendigen Gemeinde miterlebte. Die volle Kirche, der erhebende Gemeinde- und Chorgesang, die ans Gewissen greifende, auch einen jungen Menschen fesselnde Predigt, dies alles war ein überzeugenderer Beweis für die Existenz einer christlichen Gemeinde als alle theoretischen Erörterungen. Und er verfehlte seine Wirkung nicht.

Annemarie hatte ein sprühendes Temperament. Nie wieder

habe ich jemand so wie sie bei kleinsten Freuden jubeln gehört. Schon in Dorpat war sie die Anführerin bei allen Streichen gewesen. Sie kletterte auf die höchsten Dächer und scheute vor keiner halsbrecherischen Expedition zurück. Zugleich war sie die sorgsamste und liebevollste Puppenmutter und ebenso liebevoll zu ihren kleinen Geschwistern. In ihrem Übermut aber und in ihren Reden konnte sie oft über die Stränge schlagen und machte mir damit im Backfischalter manche Sorge. Aber sie hatte ein sehr weiches, liebewarmes Herz. Nie ging sie abends zu Bett, ohne mich um Verzeihung zu bitten, wenn sie mich betrübt hatte. Sie konnte es einfach nicht ertragen, wenn nur der geringste Schatten zwischen ihr und ihrer Mutter stand.

Einen großen Schatz hatten meine Kinder von ihrem Vater mitbekommen in der Freude am Gesang, die er durch das tägliche Singen mit ihnen, besonders in der Advents- und Osterzeit, geweckt hatte. Gleich ihm konnten sie unzählige schöne Lieder auswendig. Annemarie war sehr musikalisch. Schon als Säugling hielt sie im größten Geschrei inne und lauschte, wenn irgendwo Musik ertönte. Während ihrer Schulzeit in Gütersloh erwarb sie sich durch kleine Malereien das Geld für eine Laute, zu der sie mit ihrer nicht großen aber sehr wohllautenden Stimme unzählige Volksweisen sang.

Auch die anderen Kinder hatten ein gutes Gehör, und alle miteinander sangen gerne zweistimmig. Wenn sie nach dem Tode des Vaters oft das Lied anstimmten: »Es ist ein Schnitter, der heißt Tod . . . hüt' dich schöns Blümelein . . .«, war ich bewegt. Ach, wir ahnten nicht, daß auch Annemarie eine Blume war, die der Schnitter Tod allzufrüh abpflücken sollte. Zunächst ging sie noch himmelhoch jauchzend in das Leben hinein. Weder der Tod des Vaters noch unser Flüchtlingsschicksal hatten ihre Freudefähigkeit gedämpft, und nichts konnte den Glanz ihrer glücklichen Kindheit im Dorpater Pfarrhaus verdunkeln. Sie sprach später mehrmals aus, daß dies ein unverlierbarer Schatz sei, der sie auch durch schwere Zeiten begleite.

Das Leben hat sie hart angepackt, ihr herbe Enttäuschungen nicht erspart. Sie erkannte unter Schmerzen den Sinn dieser Führungen und sagte mir einmal: »Ich bin dankbar, daß es so gekommen ist, denn sonst wäre ich ganz oberflächlich geworden.« Schon die Ausbildungszeit in Rheydt war sehr hart für sie. Ihrer lebhaften und großzügigen Art lag es nicht, Stunde für Stunde bis tief in die Nacht hinein über kniffligen Handarbeiten zu sitzen, bei denen die Stiche so winzig sein mußten, daß man sie kaum sehen konnte. Wehe, wenn sie daneben geraten waren, dann mußte alles ebenso mühsam wieder aufgetrennt werden! Das waren bittere Geduldsproben, aber sie waren nicht umsonst. Annemarie lernte dort eine Ordnung und Genauigkeit in der Arbeit, die ihr sonst gefehlt hätte, und das war ein großer Gewinn. Schwerer als das waren aber mancherlei Mißverständnisse mit Menschen, die sie schätzte und mit denen ein Verstehen doch nicht möglich wurde.

Alle diese Nöte litt ich als Mutter mit ihr durch, und das band uns ganz besonders fest zusammen. Wie freute ich mich, als die Zeit in Rheydt um war und sie ihr praktisches Jahr in Jena machen konnte. Dort wohnten eine Reihe guter Bekannter aus der Heimat, bei denen sie Anschluß fand. Hauptsächlich war es das Haus unseres früheren estländischen Ritterschaftshauptmanns, Baron Dellingshausen, mit dessen Tochter sie konfirmiert und befreundet war. Neben ihrer Arbeit durfte sie nun auch die Freuden der Geselligkeit genießen, die sich ihr in der Universitätsstadt reichlich boten. Sie schloß glühende Freundschaften und stürzte sich, ihrem Temperament entsprechend, kopfüber in die Freuden des studentischen Lebens. So sehr ich ihr etwas Jugendfrohsinn gönnte, begann ich doch um sie zu bangen. Annemarie war sehr harmlos, sie traute niemandem etwas Böses zu. Aber würde sie sich nicht doch an diese Welt verlieren und Schaden nehmen? Ich flehte zu Gott um seinen Schutz für dieses Kind. Mein Gebet wurde anders erhört, als ich es gedacht hatte.

Nach Beendigung ihrer Ausbildung wurde Annemarie Gewerbelehrerin an einer Berufsschule in der Thüringer Industriestadt Gera und stand jung und unerfahren einer Schar von Mädchen gegenüber, die zum Teil mit allen Wassern gewaschen waren und sehr viel mehr vom Leben wußten als sie. Es war nicht leicht, unter diesen unruhigen Geistern sich zu behaupten, oft geriet sie an den Rand der Verzweiflung. Aber durch ihre freundliche und fröhliche Art haben die Mädchen sie bald lieb gewonnen, denn als sie sich verlobte, bedauerten sie sehr ihr Fortgehen und gaben ihr rührende Zeichen ihrer Anhänglichkeit.

Durch Annemaries Heirat mit einem jungen, sehr erfolgreichen Universitätsprofessor der Nationalökonomie schien ihr Leben in ruhige, glückliche Bahnen einzumünden. Auf eine fröhliche Hochzeit in Gütersloh, bei der sie vom Großvater Hahn getraut wurde, folgte eine Hochzeitsreise nach Italien. Von dort zurückgekehrt, baute sich mein Schwiegersohn in Jena ein eigenes Haus, in dem Annemarie alles nach ihrem Geschmack einrichten durfte. Wenn ich hin und wieder bei diesen jung verheirateten Kindern zu Gast sein konnte, war es beglückend, Annemarie als strahlende Hausfrau in ihrer Häuslichkeit zu sehen. Diesem Kind hätte ich ein dauernd sonniges Los gewünscht. Aber Gott hatte es anders beschlossen. Seine Weisheit sah tiefer. Er nahm sie bald darauf in eine schwere Schule, und in ihr hat er Annemarie zu einer Reife gebracht, die sie in einem glücklichen, glatten Dasein nie erlangt hätte. Doch davon später.

Ich möchte mit Dank bekennen: Gott hat die mannigfaltigen Fehler meiner Erziehung, die mir voll bewußt sind, wiedergutgemacht, freilich oft durch Schmerzen und durch schwere Wege. Ihm sei Dank dafür.

11. Kapitel

Wie das Lebensbild von Traugott Hahn entstand

Gleich im ersten Jahr nach dem Tode meines Mannes schrieb ich all das schwere Erleben nieder, das mit seinem Sterben zusammenhing. Meine Kinder sollten es als heiliges Vermächtnis in ihr Leben mitnehmen. Aber auch die lichten, frohen Erinnerungen unseres so glücklichen Familienlebens zeichnete ich auf. Das Bild des Vaters in seiner durchheiligten Persönlichkeit, für die in allen Lebenslagen die Frage nach dem Willen Gottes entscheidend war, und in der herzgewinnende Liebe und Güte, ja kindlicher Frohsinn sich mit tiefem Ernst so wunderbar paarte, sollte meinen Kindern möglichst lebendig erhalten bleiben. Jeden kleinen Umstand, jedes Wort aus jenen schicksalsschweren Tagen, die seinem Tode vorausgingen, suchte ich wortgetreu festzuhalten, denn schon trat mir hie und da eine Legendenbildung entgegen, und alles, was nicht ganz der Wahrheit entsprach oder doch in frommer Verbrämung das wirkliche, harte Tatgeschehen verharmloste, war mir unerträglich. An eine Veröffentlichung dachte ich nicht.

Da erzählte mir eines Tages mein Schwiegervater, der von einer Reise aus dem Industriegebiet zurückkam, er wäre in Düsseldorf mit einem Pastor zusammengetroffen, der dringend und wiederholt den Wunsch ausgesprochen hätte, es möchte ein Lebensbild meines Mannes erscheinen, denn »das Andenken der Zeugen Jesu Christi müßte für die Gemeinde Gottes festgehalten werden«. Zunächst ließ ich die Sache auf sich beruhen. Aber allmählich faßte der Vorschlag bei mir Fuß, und als ich an einem

14. Januar, dem Todestag meines Mannes, meinen Kindern aus meinen Aufzeichnungen vorgelesen hatte, kam es mir zum Bewußtsein, daß jener Pastor recht haben könnte. Handelte es sich doch hier um weit mehr als um persönliche Erlebnisse, es war ein Schmerzensweg und ein Sterben um der Sache Gottes willen gewesen, wie mein Mann selbst in einer Predigt über Röm. 14, 7–8 »Unser keiner stirbt ihm selber . . .« vorausahnend ausgesprochen hatte: »Für den Herrn, bei dem sein eigenes Leiden und Sterben das Allerwichtigste und Wirksamste gewesen, ist auch bei den Seinen ihr Sterben von allergrößter Bedeutung, und zwar um des Sterbenden selbst aber auch um der Sache des Herrn willen. Der Tod seiner Heiligen ist wertgehalten vor dem Herrn. Er, der nun einmal der Herr der Märtyrer ist, braucht das Sterben der Seinen je und je als die kostbarste, fruchtbarste Aussaat seines Reiches . . . Er braucht es, weil seine rein geistige Macht sich nirgends so leuchtend und überwältigend offenbaren kann, wie in einem schweren, aber doch seligen Sterben . . .«

Diese Worte waren mir eine Mahnung, fruchtbar zu machen, was die Sache des Herrn fördern konnte. Aus dieser Erkenntnis heraus entschloß ich mich, an den mir noch unbekannten Pastor in Düsseldorf zu schreiben. Er antwortete sofort und erbat sich meine Niederschriften. Nachdem er sie gelesen, kam er selber angereist und setzte sich nun mit Feuer für die Herausgabe eines Lebensbildes von Traugott Hahn ein. Zugleich drang er darauf, daß ich es verfaßte, als diejenige, die ihn am besten gekannt und alles mit ihm erlebt und durchlitten hätte wie niemand anderes. Lange zögerte ich, willigte aber, als andere Vorschläge sich zerschlugen, doch ein.

Nun stand ich vor einer neuen großen Aufgabe, die ich neben all meinen anderen Pflichten zu bewältigen hatte und die mich die folgenden anderthalb Jahre beschäftigen sollte. Sie wurde mir zu einem heiligen Auftrag, der mich aber oft zu schwer dünkte. Ich hätte ihn wohl auch kaum durchgeführt, wenn Gott mir nicht in diesem Pastor Ilgenstein einen unermüdlichen Mahner auf den Weg gestellt hätte, der mich stetig anfeuerte, wenn mir der Mut entsinken wollte, der seinerseits aber auch alles tat, um mir die Aufgabe zu erleichtern. Er diktierte meine Niederschriften in die Maschine, er machte den richtigen Verleger ausfindig, er schrieb viele Briefe an Schüler, Freunde und Kollegen meines Mannes und erbat sich von ihnen Berichte und persönliche Erinnerungen. So hatte ich bald ein umfangreiches Material zu sichten, darunter Zeugnisse, die ich am liebsten ungekürzt gebracht hätte. Doch um der notwendigen Kürze willen mußte eine Auswahl getroffen werden.

Schwerer als diese Entscheidung fiel mir eine andere: Was durfte und was mußte ich an persönlichem Erleben preisgeben? Es widersprach meinem Empfinden, das, was mir in meinem Verhältnis zu meinem Mann bisher ein verborgenes Heiligtum gewesen war, vor aller Augen bloß zu legen. Am liebsten hätte ich die Feder wieder aus der Hand gelegt. Aber Ilgenstein, dieser Mann, der so plötzlich meinen Lebensweg kreuzte und offenbar nur zu diesem Zweck gesandt war, ließ mir keine Ruhe. Er legte es mir aufs Gewissen, daß mein persönliches Erleben mir jetzt nicht mehr selber gehöre, sondern im Dienste des Reiches Gottes weitergegeben werden müsse. Es läge ein Auftrag an die Christenheit vor, dem ich mich nicht entziehen dürfe.

So schrieb ich weiter, und in dem Strom der Erinnerungen stand das Bild meines Mannes in alter und doch neuer Klarheit vor mir. Es wurde mir damit etwas geschenkt, wonach ich mich unter dem Zwang der täglich mich fordernden Pflichten lange vergeblich gesehnt hatte: Endlich einmal durfte ich mich in den Schatz der Erinnerungen versenken, die die köstlichste Zeit meines Lebens mit meinem Mann umfaßten. Dabei hatte ich eine Angst, nur ja nicht sein Bild zu idealisieren, nur keinen unwahren Personenkult zu treiben. Nein! Nur das nicht! Wußte ich doch, daß das dem Willen meines Mannes diametral entgegen wäre. Jemand fragte mich einmal, warum ich ihn nicht als einen Helden dargestellt hätte, anstatt all sein Zagen, seine Schwachheit, sein inneres Ringen und Kämpfen zu schildern? Wie konnte ich anders um der Wahrheit willen! Hier handelte es sich ja nicht um dichterische Gesichtspunkte, sondern um die harte Wirklichkeit, wie sie uns in unserem Menschsein trifft. Liegt nicht gerade darin ein Trost für uns und unsere schwachen Stunden, daß Gott dem, der ihm vertraut, dennoch hilft, alles weit zu überwinden?

In einer Predigt über Hebräer 13, 9 »Es ist ein köstlich Ding, daß das Herz fest werde« sagt mein Mann selbst einmal:

»Die köstliche Festigkeit, die unser Gotteswort einem jeden von uns in Aussicht stellt, ist nicht die eines Felsens – welch Menschenherz besäße die? – Vielmehr ist es die Festigkeit eines Schiffes auf mächtig wogender, sturmgepeitschter See, das aber an sicherem Ort ruhig liegt, weil es fest verankert ist durch einen unzerreißbaren Anker. Nach dieser Festigkeit verlange, daß dein Herz durch die Kette des Glaubens tief, tief verankert werde in der Gnade ... Die Gnade Gottes ist Jesus Christus selbst. Darauf kommt es an, daß ich ihn kenne, ihn liebe, ihm vertraue ...«

Was hier ausgesprochen ist, trat mir leuchtend entgegen aus allen Erinnerungen an meinen Mann und ebenso aus den Aufzeichnungen anderer über ihn. Die Kraft seines Lebens und auch seines Sterbens war Christus gewesen, der Segen, der von ihm ausging, floß aus der Verbundenheit mit ihm. Darum durfte alles, was über ihn geschrieben wurde, auch nur dieses eine Ziel haben, den zu verherrlichen, dessen Kraft in den Schwachen mächtig ist. So setzte ich auf das Titelblatt des Buches den von ihm so geliebten Vers:

»An mir und meinem Leben ist nichts auf dieser Erd,
was Christus mir gegeben, das ist der Liebe wert.«

Es ist viel für dieses Buch gebetet worden, während es noch in Arbeit war. Pastor Ilgenstein hatte durch seine vielen Beziehungen in Deutschland und in der Schweiz das Interesse dafür schon in manchen kirchlichen Kreisen zu wecken verstanden und hier und da aus den schon fertigen Abschnitten vorgelesen. So hatte das Buch bereits eine Anzahl von Freunden gewonnen, die es nicht nur mit Spannung erwarteten, sondern ihm den Segen Gottes erbaten und mich damit innerlich stützten. Wie dankbar bin ich noch heute dafür! Es war um so nötiger, als sich unvorhergesehene Schwierigkeiten erhoben, die alles in Frage zu stellen drohten. Sie belasteten mich sehr, da sie von einer mir sehr maßgeblichen Seite kamen. Monatelang ging ich durch schwerste Zweifel hindurch, ob es wirklich mein Auftrag sei, dieses Buch zu schreiben oder ob die vielen Hindernisse mir sagen sollten: »Laß die Hände davon!« – Innerlich hin- und hergerissen konnte ich in meiner Ratlosigkeit nichts anderes tun, als die ganze Sache zu Gottes Füßen hinlegen mit der heißen Bitte: »Nimm du dich dieser meiner großen Not an, ich kann nicht mehr! Ist es dein Wille, daß dieses Lebensbild erscheint, dann bahne ihm selber den Weg.« Er hat es getan, – die Wogen glätteten sich.

Als das Buch in dem durch Schriften von Monika Hunnius so wohlbekannten Eugen Salzer Verlag in Heilbronn erschien, der mir in liebenswürdigster Weise entgegenkam, sah ich seinem Erscheinen voll Spannung, aber nicht ohne Bangen entgegen. Eine der ersten Besprechungen, die mir in die Hände kam, war von Pastor Gauger in der Zeitschrift »Licht und Leben«. Er schrieb: »Von diesem Buch der Schmerzen und des Leides geht eine ganz merkwürdige Kraft der Gesundheit aus, etwas was die Seele des Lesers löst von seinen Gebundenheiten und ihn hinweist und auch hinführt zum Leben und zum Licht, zu den ewigen Wesenheiten.« Aus der Fülle der anderen Besprechungen greife ich noch die des früheren Generalsuperintendenten in Kurland, Dr. Bernewitz, Landesbischof in Braunschweig heraus, weil sie mir sagte, daß mein Mann nun auch als Professor dem theologischen Nachwuchs weiter dienen dürfte: ». . . Ich kann nur hoffen, daß das Buch auf Pastoren und Nichtpastoren denselben tiefen Eindruck macht, den es mir hinterlassen hat. Zu den an die Kandidaten zu richtenden Ordinationsfragen sollte es gehören, ob sie dieses Buch gelesen und durchdacht haben.«

Mehr als alle Besprechungen in der Presse bedeuteten mir aber die vielen, vielen persönlichen Briefe, die von nah und fern eintrafen, ein Strom, der bis heute noch nicht versiegt ist. In ergreifender Weise wird mir hier wieder und wieder bezeugt, daß Gott dem Weizenkorn, das in die Erde gefallen und erstorben ist, viel Frucht geschenkt hat, Glauben weckende, Glauben stärkende Frucht. Wie hätte mein Mann selber gestaunt, er, der so bescheiden von sich dachte, daß Gott ihm, dem so früh Abgerufenen, nach seinem Tode noch solche Ernte schenken würde, ihn wirken ließe weit über die Grenzen seines Heimatlandes hinaus. Schrieb mir doch ein Missionar aus Afrika, daß er Teile des Lebensbildes in die Suaheli-Sprache übersetzt hätte und dieses Zeugnis nun das ganze Kongogebiet durchlaufe. Einen anderen Brief erhielt ich aus Indien von einer Missionarin, die einen Auszug in die Tamulensprache gemacht hatte und mir den tamulischen Kalender zusandte, in dem von dem Zeugen Traugott Hahn berichtet wurde. Auch China fehlte nicht. Einen der drei bekannten Missionare Fischle, Walter und Maurer, die dort lange von den Räubern gefangen gehalten wurden und für deren Befreiung wir oft gebetet hatten, durfte ich einmal in Württemberg treffen. Er erzählte mir, daß er kurz vor seiner Verhaftung durch die chinesischen Räuber das Lebensbild gelesen und es ihm eine Vorbereitung gewesen wäre, die ihn gestärkt hätte für den schweren Weg, den er nun selber zu gehen hatte. Auch aus Ägypten hörte ich ein ergreifendes Zeugnis, doch würde es zu weit führen, von allem zu erzählen.

Wunder Gottes! Traugott Hahn, der als junger Theologe auf seinen Herzenswunsch, in die Mission zu gehen, aus Gesundheitsrücksichten verzichten mußte, wurde nun nach seinem Tode Missionar in fernen Erdteilen!

Welch eine tiefe Freude das alles für mich bedeutete, ist schwer in Worten auszudrücken. Wieviel glücklicher bin ich doch als viele andere, die noch vor ungelösten Rätseln ihrer schweren Geschicke stehen, während ich schon auf dieser Erde etwas sehen darf, wie aus Tränensaat eine Freudenernte erwächst für das Reich Gottes.

12. Kapitel

Mein Weg in die Vortragsarbeit

Das Erscheinen des Lebensbildes meines Mannes hatte die unvorhergesehene Folge, daß ich aus der Verborgenheit Güterslohs, wo ich zehn Jahre lang in aller Stille der Erziehung meiner Kinder gelebt hatte, in die Öffentlichkeit gerufen wurde, und zwar in eine umfangreiche Vortragstätigkeit. Nie hätte ich früher an die Möglichkeit gedacht, öffentlich zu reden, war ich doch von Natur viel zu schüchtern dazu. Auch war ich in den ersten Jahren nach dem Tode meines Mannes so wund, daß ich selbst im kleinsten Kreise kein Wort über mein Erleben herausbrachte. Aber auch über diesem ganz neuen Kapitel meines Lebens stand das Wort: »Ich will dich unterweisen und dir den Weg zeigen, den du wandeln sollst.«

Den ersten kleinen Anfang dazu bildete ein Referat, das ich im Kreise der Gütersloher Altfreunde der D.C.S.V. hielt, an deren Leseabenden ich freundlicherweise teilnehmen durfte. Es war über die atheistische Propaganda, wie sie sich damals, vom Osten her kommend, auch über Deutschland auszubreiten begann, gesprochen worden. Über diese Bewegung und ihre weltanschaulichen Hintergründe herrschte noch große Unklarheit. Nach einer lebhaften Aussprache wurde ich gebeten, das nächste Mal darüber ein Referat zu halten. Ich nahm diese Aufgabe ernst und verließ mich nicht nur auf persönliche Eindrücke, sondern bereitete mich auf Grund des einschlägigen Quellenmaterials sorgfältig vor.

Der eigentliche Anstoß zu der Vortragsarbeit aber kam durch das Lebensbild meines Mannes, an dem ich arbeitete, und bei dessen Abfassung ich bei manchen Fragen dringend den Rat meines Schwagers Hugo Hahn einzuholen wünschte. Letzterer war damals Pfarrer an der Thomaskirche zu Leipzig, und eine Reise nach Leipzig konnte ich mir aus geldlichen Gründen nicht leisten. Eine von mir einmal hingeworfene briefliche Bemerkung, daß vielleicht die Reise durch einen Vortrag finanziert werden könnte, griff mein Schwager auf und schrieb mir eines Tages, daß er vier Vorträge in verschiedenen Gemeinden Leipzigs für mich eingerichtet habe. Auf meine entsetzte Antwort, daß mein Vorschlag nicht ernst gemeint gewesen und ich gar nicht imstande sei, in großem Kreise zu reden, schrieb er zurück: nun sei nichts mehr daran zu ändern, es sei alles abgemacht, und ich dürfe ihn nicht blamieren.

So blieb mir nichts anderes übrig, als die Reise anzutreten und auf das Wagnis einzugehen. Mit Zittern und Zagen bestieg ich in vier verschiedenen kirchlichen Veranstaltungen Leipzigs das Katheder. Ich sprach auf Wunsch meines Schwagers und der Pastoren über die Leidenszeit der baltischen Kirche als von einem ersten Kapitel einer nahen antichristlichen Zeit und suchte an dem glaubensmutigen Sterben der baltischen Märtyrer die weltüberwindende Kraft des christlichen Glaubens zu zeigen.

Kurz darauf wurde ich gebeten, auch in Düsseldorf zu sprechen, wo ich ebenfalls vier Vorträge hielt. Mein Mut war nun schon etwas gewachsen. Dennoch war ich sehr erschrocken, als Pastor Ilgenstein mir den Plan zu einer Vortragsreise in die Schweiz vorlegte. Wie er mich zum Schreiben des Lebensbildes ermutigt hatte, sah er auch in diesen Vorträgen einen Auftrag. Durch seine vielen Beziehungen hatte er schon überall in der Schweiz Verbindungen angeknüpft und die landschaftlich schönsten Gegenden ausgesucht, um mir neben der Arbeit auch eine schöne Reise zu vermitteln. Ich sollte in den Diakonissenhäusern von Basel, Zürich und Bern sprechen, in kirchlichen Kreisen von

Genf, Luzern, Thun, Konstanz und auf der Durchreise auch in Stuttgart. Mich stürzte dieser Vorschlag zunächst in große innere Nöte. Konnte ich darauf eingehen, durfte ich das? Sollte ich wirklich so mit meinem innersten Erleben an die Öffentlichkeit treten? Noch wehrte ich mich dagegen. War es aber ein von Gott gegebener Auftrag, so mußte das entscheidend sein. Aber wer konnte mir das zusichern? Das warme Echo, das meine bisherigen Vorträge gefunden hatten, war mir noch kein genügender Beweis dafür.

In diese Zeit fiel der 80. Geburtstag meines Schwiegervaters. Er feierte ihn in dem wunderschön gelegenen christlichen Erholungsheim Soisliden in der Rhön und hatte alle seine Kinder und Enkel dazu eingeladen. Jedes Zimmer hatte dort seinen besonderen Namen. Als ich zu der für mich bestimmten Stube geführt wurde, stand auf der Tür das Wort »Gehorsam«, und als ich eintrat, sah ich über die ganze Breite der Wand in riesigen Buchstaben den Spruch aus Jesaja 57, 19 gemalt: »Ich will Frucht der Lippen schaffen.« Das traf mich wie ein Blitz, und ich wußte, es war die Antwort Gottes auf mein Ringen nach Klarheit. Er wollte diesen Dienst von mir, da durfte ich mich nicht feige zurückziehen.

Bei dieser ersten Reise durch die Schweiz, der später andere folgten, stand ich ganz unter dem Eindruck, wie reich gesegnet dieses Land von Gott sei. Gesegnet in der überwältigenden Naturschönheit seiner Berge und Seen, gesegnet aber auch in der Tatsache, daß hier drei Völker nebeneinander wohnen, die sich nicht befehden, gesegnet auch darin, daß dieses Land von Kriegen verschont blieb, als ringsherum die Kriegsfackel brannte.

Mein erster Vortrag fand im Diakonissenhaus in Riehen statt, wo ich gastliche Aufnahme fand und vor Diakonissen sprach. Die prächtige alte Oberin, Schwester Helene, war die Güte selber, und es war gewiß kein Zufall, daß sie die erste war, die mir begegnete. Sie spürte mein Bangen und machte mir mit ihrer herzenswarmen, mütterlichen Art Mut zu der großen Aufgabe, die vor mir lag. Auch die Diakonissenhäuser von Zürich und Bern sind mir mit ihren prachtvollen Oberinnen in liebevoller Erinnerung so wie manche andere gastliche Häuser und wertvolle Persönlichkeiten, denen ich begegnen durfte. Überall fand ich und auch das Wort, das ich zu sagen hatte, freundliche Aufnahme.

Dankbaren Herzens, wenn auch ermüdet, kehrte ich nach etwa drei Wochen nach Deutschland zurück. Auch äußerlich hatte Gott seinen Segen auf die Reise gelegt. Ich durfte meiner ältesten Tochter Annemarie, die sich am Geburtstage des Großvaters in Soisliden verlobt hatte, eine namhafte Summe zu ihrer Aussteuer mitbringen. Hierzu möchte ich bemerken, daß ich an meine Vorträge außer freier Reise niemals geldliche Bedingungen geknüpft hatte. Sie sollten ganz frei von diesen Nebengedanken sein, ein Dienst um der Sache willen. Aber ich nahm dankbaren Herzens an, was mir gegeben wurde, und durfte es erleben, daß Gott diesen Weg benutzte, um mir auch äußerlich zu helfen, das Nötige für mich und die Ausbildung meiner heranwachsenden Kinder zu beschaffen.

Nach dieser ersten Schweizer Reise begannen die Einladungen zu Vorträgen sich zu mehren. Bald waren es der Aufforderungen so viele, daß ich nicht allen folgen konnte. Ich sprach viel in Frauenkreisen, in der Frauenhilfe wie auch im Deutsch-Evangelischen Frauenbund, aber auch in gemischten Gemeindeversammlungen, im Gustav-Adolf-Verein und im Evangelischen Bund.

Der Inhalt meiner Vorträge war immer evangelistisch und nie politisch. Ich sprach über das »Gebet«, über das »Wort Gottes als Licht auf unserem Wege«, über »den Grund unserer Ewigkeitshoffnung« u. a. Am häufigsten aber wurde ich immer wieder um das Thema gebeten: »Was hat die baltische Märtyrerkirche der

Christenheit zu sagen?« Das war mir nicht leicht, aber doch wohl mein besonderer Auftrag. In diesem Vortrag gab ich einen kurzen Aufriß der 700jährigen Geschichte des Deutschtums im Baltenlande bis in die Gegenwart hinein. An vielen Beispielen suchte ich zu zeigen, wie die Kraft des baltischen Deutschtums immer im christlichen Glauben verwurzelt war und wie ihm Leidenszeiten als Läuterung dienten, wenn wir von dieser Linie abgewichen waren. Bei der Schilderung der jüngsten Märtyrerzeit vermied ich es bewußt, ihre Schrecken auszumalen. Ich wollte nur Gottes Gnade preisen, die in schwachen Menschen mächtig wurde und ihnen Kraft gab, treu zu bleiben bis zuletzt. Von meinem eigenen Mann sprach ich stets nur kurz und brachte in erster Linie von ihm Worte des Glaubens, mit denen er sich und andere gestärkt hatte.

Den Pastoren, die mich gerufen hatten, lag viel daran, diese Eindrücke ihren schon damals von antichristlichen Strömungen sehr gefährdeten Gemeinden zu bringen. Sie hatten stets vorher stark für den Vortrag geworben, und so sprach ich meist vor überfüllten Sälen, ja oft reichte der Raum nicht aus, und wir mußten in die Kirche ziehen. Männer und Frauen, Jugend, selbst SA und Kommunisten, alles war vertreten. Manches Mal kam es dabei zu stürmischen Auseinandersetzungen, so z. B. in einer Vorstadtgemeinde von Frankfurt a. M. Es war noch vor 1933. Als ich die vordersten Reihen des großen Saales rechts von Kommunisten und links von Nationalsozialisten besetzt sah, wollte mir fast der Mut entfallen. Aber nach dem Gesang: »Ist Gott für mich, so trete gleich alles wider mich«, mit dem wir begannen, wurde ich ruhig. Gleich zu Anfang meines Vortrags erhoben sich Lärm und Widerspruch. Der Pfarrer forderte Ruhestörer auf, das Lokal zu verlassen, da es hier keine politische Versammlung sei. Das aber wollte ich nicht. Ich bat, es möchten doch alle dableiben und sich erst mal anhören, was ich zu sagen hätte. Daraufhin forderten die Kommunisten Gelegenheit zur Diskussion am Schluß des Vortrags, die ich ihnen zusagte.

Nun konnte ich meinen Vortrag in Ruhe zu Ende führen, und auch die Kommunisten waren sichtlich ergriffen. Dann aber begannen sie eine Reihe von Fragen an mich zu richten, die dem verbitterten »Warum« gegen Gott und Menschen entsprangen. Soweit sie sich auf das politische Gebiet bezogen, lehnte ich, da ich mich dafür unzuständig fühlte, eine Antwort ab.

Gerade in dieser erregten Versammlung durfte ich die Erfahrung machen, wie Gott mir, der Schwachen und von Natur Ängstlichen, im kritischen Augenblick doch die nötige Kraft und auch die richtige Antwort gab. Im Laufe der Diskussion begannen nämlich Kommunisten und Nazis sich gegenseitig zu beschimpfen, es erhob sich ein wüster Lärm. Einige Frauen verließen fluchtartig den Saal. Über mich kam eine völlige Ruhe, und ich vermochte es, mit wenigen Worten Öl ins stürmische Wasser zu gießen und die erregten Gemüter zu beschwichtigen. Sie wurden still, und einer von ihnen erklärte sogar: »Wenn das wirklich wahr ist, daß Frau Professors Mann ermordet worden ist, so tut mir das aufrichtig leid.« Als wir mit Gebet und Gesang schließen wollten, erhoben sich die Kommunisten, um vorher fortzugehen. Da stieg ich schnell vom Podium, schüttelte ihnen die Hand und bat sie, diesen Abend nicht zu vergessen.

Am nächsten Abend mußte ich in einer anderen Vorstadt Frankfurts vor einer noch größeren Versammlung sprechen, der man im voraus die Unruhe anmerkte. Der Pfarrer hielt aber von vornherein die Diskussion fest in seiner Hand, und es ging ohne Zwischenfälle ab.

Derartige Erlebnisse waren durch die damals herrschende gespannte Lage bedingt. Die furchtbare Arbeitslosigkeit und Ausweglosigkeit ihres Daseins trieb die Leute an den Rand der Verzweiflung und brachte sie zum Hadern gegen Gott und Menschen. Wie verständlich war es, daß die Not sie in die Arme des Kommunismus trieb. Ich konnte sie deswegen nicht verurteilen, sondern hatte großes Mitgefühl mit diesen Menschen. Ihnen zu bezeugen, daß die Not uns nicht von Gott wegzutreiben brauchte, sondern daß im Gegenteil die einzige wirkliche Hilfe in der Umkehr zu ihm liegt, war mein innerstes Anliegen. Ich konnte es ihnen ja auf Grund eigenen Erlebens sagen, daß Gottes Vaterliebe immer wieder einen Ausweg für uns finden kann, wenn wir selber keinen mehr sehen.

Nach einem Vortrag fiel mir ein Mann in der vordersten Reihe auf, der nachdenklich sitzen blieb, als alle anderen sich schon entfernt hatten. Auf meine Frage erfuhr ich von dem anwesenden Pfarrer, daß es der Redakteur einer kommunistischen Zeitung sei. Ich ging auf ihn zu und sagte ihm, daß ich mich freue, daß auch er gekommen sei. Es wäre mir sehr recht, wenn Menschen aus anderen weltanschaulichen Lagern zu diesen Vorträgen kämen. Er erwiderte, meine Ausführungen hätten ihn interessiert. »Ich habe Lenin und Marx gelesen, aber ich muß gestehen, daß ich die Sache noch niemals von dieser Seite aus gesehen habe. Es ist mir heute klar geworden, daß es nicht genügt, wenn wir den Leuten nur die Magenfrage lösen.« – »Nun, dann haben wir ja schon einen gemeinsamen Boden«, war meine erfreute Antwort.

Ein andermal hatte sich in eine sehr große Frauenversammlung ein Mann eingeschlichen, der offenbar von irgendeiner Gruppe oder Partei beauftragt worden war, zu stören. Als ich geendet hatte, kam er an das Podium und rief in die Versammlung hinein, es sei alles erlogen, was sie hier gehört hätten. Weiter kam er nicht, denn schon nach den ersten Sätzen erhob sich ein Sturm unter den Frauen. Sie erhoben sich von ihren Plätzen, riefen: »Hinaus, hinaus!« trampelten mit den Füßen und verlangten, er solle schweigen. Diese Wirkung hatte er nicht erwartet. Völlig machtlos gegen diese elementare und völlig spontane

Auflehnung der vielhundertköpfigen Menge ließ er resigniert die Arme sinken und verließ den Saal. Als er dabei an mir vorbei mußte, konnte ich ihm gerade zurufen: »Warten Sie bitte draußen auf mich, wir wollen noch miteinander sprechen.«

Erst als die Menge sich etwas verzogen hatte, gelang es mir, durch das Gedränge den Ausgang zu erreichen. Und zu meiner Freude hatte der Mann wirklich auf mich gewartet. Als ich ihn nun unter vier Augen hatte, ließ ich ihn sich aussprechen, und er kam heraus mit der ganzen großen Not des gottfernen Menschen, der an den Ungerechtigkeiten dieser Welt zerbricht. Er war voller Anklagen gegen alles Bestehende, suchte die Wurzel alles Unglücks aber an einer falschen Stelle. Ich konnte ihm unter tiefem Mitgefühl für seine persönliche Lage und die seiner Kameraden nur sagen, daß ich einen menschlichen Ausweg aus all dieser Not auch nicht wüßte. Eines aber sei mir ganz gewiß, daß es ohne Gott weder Frieden noch Glück auf Erden geben könne und alle Bemühungen, sie ohne ihn und mit Nichtachtung seiner Gebote zu erreichen, zum Scheitern verurteilt seien. Der Mensch aber, der seinem Gott auch mitten in der Not vertraue, könne glücklich und voll Frieden sein.

Eine Aufregung anderer Art war es, als ich zum erstenmal in der Kirche von der Kanzel aus sprechen mußte. Der »Evangelische Bund« hatte mich zu seinem Jahresfest nach Berlin eingeladen. Ich hatte zugesagt unter der Bedingung, daß ich ungern in einer Kirche, auf keinen Fall aber von der Kanzel aus sprechen wolle. Wer beschreibt meinen Schrecken, als ich, abends in Berlin angekommen, mit der Taxe zur Nikolaikirche gefahren wurde und der anwesende Pfarrer mir entgegenkam mit der Mitteilung, daß sie wohl ein Pult aufgestellt hätten, die Kirche aber so überfüllt sei, daß man mich von dort aus nicht verstehen würde, ich müsse auf die Kanzel. Ich war außer mir, kämpfte mit den Tränen, zog mich dann in eine Ecke zurück und prüfte vor Gott, was ich tun sollte. Da wurde mir klar, daß ich mich nicht weigern dürfe, denn es hätte ja tatsächlich keinen Sinn zu reden, wenn ich nicht verstanden würde.

Der leitende Pfarrer ebnete mir in feiner Weise den Weg, indem er der Versammlung sagte, es sei dies zwar die Kanzel eines Spener und eines Paul Gerhardt, auf der noch nie eine Frau gestanden hätte, aber der Frau des Märtyrers Traugott Hahn würde sie gerne gegeben. Als ich durch die Menge der Kanzel zuschritt, fühlte ich, daß ich von mitfühlenden und gewiß auch von betenden Herzen getragen wurde. Und Gott schenkte mir nicht nur die Kraft für die mir aufgetragene Botschaft, sondern auch die Stimme, so daß ich zum Staunen vieler von den meisten der etwa zweitausend Menschen zählenden Zuhörerschaft gut verstanden wurde. Ein herrlicher Chorgesang umrahmte die Feier, und als ich von der Kanzel hinunter stieg, streckten sich mir viele Hände dankend entgegen. Eine sichtbare und mich sehr erfreuende Frucht dieses Abends war es, daß ich Pastor Schabert, dem bekannten Leiter des Hilfswerks an leidenden Glaubensbrüdern in der Verbannung, den Ertrag einer sehr großen Kollekte zusenden durfte.

Auch am nächsten Abend, als ich in einer anderen Ecke Berlins ebenfalls in einer Kirche und dieses Mal vom Pult aus sprach, wurde es mir nicht erspart, auf die Kanzel zu gehen. Denn kaum hatte ich die ersten Sätze gesprochen, als schon aus der Zuhörerschaft der wiederholte Ruf ertönte: »Auf die Kanzel, wir hören sonst nichts!« So mußte ich wohl oder übel die sehr hohe Kanzel erklimmen, von der aus mir fast schwindlig wurde. Vielleicht war es ein unnötiges Vorurteil, daß mir die Kanzel zu heilig schien für einen Laien wie mich. Es kam mir wie eine Anmaßung vor, zu der ich freilich ohne meinen Willen gezwungen wurde. Auch späterhin habe ich es nach Möglichkeit zu vermeiden gesucht, obgleich ich noch oft in Kirchen sprechen mußte.

In Berlin wurde ich übrigens im Hospiz in der Mohrenstraße, wo ich ein Zimmer hatte, am Morgen nach dem ersten Vortrag telephonisch angerufen, und man versuchte, mich als Rednerin für eine Organisation zu gewinnen. Ich kam nicht recht dahinter, um was es sich handelte, lehnte aber von vorherein ab, denn ich wollte nicht im Dienst irgendwelcher parteipolitischer Strömungen, sondern lediglich im Dienste Gottes stehen und nur in seinem Auftrag die Menschen zu ihm rufen.

Oft hatte ich den Eindruck, daß eine unsichtbare Macht mich hindern wollte, meinen Auftrag auszuführen, indem mich kurz vor der Abreise Halsschmerzen oder sonstige Unpäßlichkeiten überfielen. Wenn ich es aber im Glauben wagte zu reisen, durfte ich jedesmal Gottes Durchhilfe erfahren.

Dennoch bin ich in kalten Wintermonaten zweimal unterwegs erkrankt und liegen geblieben, beide Male in der Schweiz. Es hätte peinlich werden können, im fremden Hause zur Last zu fallen, wurde aber zu einem beglückenden Erlebnis großzügiger und herzerquickender Gastfreundschaft. Voll Dank denke ich an das liebe Pfarrersehepaar Dürrenmatt, die Eltern des bekannten Dramaturgen, in Konolfingen im Kanton Bern zurück. Mit rührender Treue pflegten sie mich gesund, und ich durfte mich in ihrer Familie heimisch fühlen wie bei nahen Verwandten.

Das andere Mal handelte es sich um eine Vortragswoche in Basel, die mit viel Liebe vorbereitet war. Unter den alteingesessenen Basler Familien hatte ich nun schon eine ganze Reihe guter Bekannter, unter ihnen Fräulein Gertrud Riggenbach, die mich in ihrem schönen Hause beherbergen wollte. In ihr lernte ich eine Frau kennen, die ihr Vermögen als von Gott anvertraut ansah und es in diesem Sinne verwaltete. Sie hatte ein brennendes Herz für die Mission und für alle Werke des Reiches Gottes.

Die Reise von Gütersloh nach Basel war schon mehrfach von Vorträgen in verschiedenen Städten unterbrochen worden, und ich war dabei mancher Erkältungsgefahr ausgesetzt gewesen. Als Fräulein Riggenbach mich von der Bahn abholte, hatte ich einen dumpfen Kopf und konnte meine Füße kaum heben. Wir gingen zunächst in das Vereinshaus, und wie im Traum sah ich den großen Vortragssaal und bestieg probeweise das Podium, von welchem aus ich am nächsten Abend sprechen sollte. In der Wohnung von Fräulein Riggenbach angekommen, sank ich erschöpft mit Fieber und Kopfgrippe ins Bett. Heute frage ich mich, ob es nicht doch am Ende Glaubenslosigkeit von mir war, daß ich mich nicht wenigstens für diesen ersten Vortrag aufraffte. Freilich hatte ich keine Ahnung, was mein Versagen in diesem Falle zu bedeuten hatte, denn für Fräulein Riggenbach war es fast eine Katastrophe, ein Zusammenbrechen wochenlanger Bemühungen, Verhandlungen und Einladungen. Zum Absagen war es zu spät, es blieb nichts anderes übrig, als die Menschen zurück zu schicken, unter ihnen Besucher, die zu diesem Abend von auswärts angereist waren. Auch alle Versammlungen der nächsten Tage mußten ohne mich stattfinden. Es dauerte lange, bis ich wieder aufstehen konnte. Doch wurden mir viele liebe Grüße mannigfaltiger Art ins Krankenzimmer gesandt von bekannten und unbekannten Schweizer Freunden.

Fräulein Riggenbach war tief betrübt durch das Scheitern all ihrer Pläne. Es wurde ihr fast zur Anfechtung, daß scheinbar Gottes Segen nicht darauf gelegen habe. Mich ließ sie es in keiner Weise fühlen. Sie handelte an mir wie der barmherzige Samariter und pflegte mich mit einer Hingabe und Aufopferung, die nicht übertroffen werden konnte. Als ich in der Genesung war, nahm sie mich mit in das Erholungshaus auf St. Chrischona »Zu den Bergen«. In diesem herrlich auf Bergeshöhe gelegenen Hause, das unter der Leitung von Fräulein Mia Rappard stand, kam ich vollends zu Kräften.

Wie mich seitdem eine warme Freundschaft mit Fräulein Riggenbach verband, so knüpften sich auch anderswo durch diese Vortragsreisen herzliche Beziehungen an. Ob es nun in Norddeutschland war oder im Industriegebiet, am Rhein oder in Württemberg, in Baden, in Sachsen, in Schlesien oder in Schleswig-Holstein, überall wurde ich, besonders in Pfarrfamilien, die mich gerufen hatten, mit einer herzgewinnenden Freundlichkeit und Gastfreundschaft aufgenommen und durfte von Zuhörern Zeichen der Dankbarkeit erfahren, die mich tief rührten.

Auf einer dieser Reisen hatte ich eine Begegnung, die von dauernder Bedeutung für mich werden sollte. Es stiegen auf einer Station eine Reihe lebhafter Frauen in mein Abteil, die mir auffielen, weil sie so fröhlich und innerlich miteinander verbunden schienen. Bald stellte sich heraus, daß es Pfarrfrauen waren, die von einer Tagung in Gunzenhausen zurückkamen. Von ihnen hörte ich zum erstenmal Näheres über den »Pfarrfrauenbund«, der jeder Pfarrfrau innerhalb der Evangelischen Kirche offensteht, die den Wunsch hat nach engerem Zusammenschluß mit anderen, die als Lebensgefährtin eines Pfarrers vor den gleichen Anforderungen, Sorgen, Aufgaben und Freuden stehen. Biblische Besinnung und Fürbitte für die Kirche und ihre Aufgaben, aber auch für die persönlichen Anliegen der einzelnen stehen im Mittelpunkt der Zusammenkünfte. – Diese Frauen, mit denen ich im Eisenbahnzug zusammentraf, nahmen mich als Gattin von Traugott Hahn sogleich mit großer Wärme in ihre Mitte und erklärten: »Sie gehören ja ganz zu uns!« Als ich später, nach näherem Kennenlernen, wirklich Mitglied dieses Bundes wurde und sogar als Briefmutter einem Kreise jüngerer und älterer Pfarrfrauen dienen durfte, habe ich selber reichen Gewinn davon gehabt in gegenseitigem Geben und Nehmen.

Deutschland stand damals an der Schwelle der nationalsozialistischen Epoche. In den Jahren meiner Vortragstätigkeit von 1928 bis 1933 war ich schon öfters dem sich anbahnenden Nationalsozialismus begegnet, ohne aber zu erfahren, was es mit ihm auf sich hatte. Bei einem Vortrag in einer Dorfkirche des Sauerlandes fiel es mir auf, daß eine Reihe junger Burschen das Rednerpult, von dem aus ich sprach, umgab. Nachher sagte man mir, daß das junge Nazis gewesen wären, die mich vor etwaigen Anrempelungen der Kommunisten hätten »schützen« wollen. Diese Fürsorge rührte mich. Als ich am nächsten Tag im Auto das Dorf verließ, standen sie am Wege und winkten mir zu. Ein anderes Mal durfte ich es in der Kirche von Gr. erleben, daß die SA geschlossen zum Vortrag erschienen war und aufmerksam meinen Ausführungen folgte. Voll Spannung fragte ich mich, was wird der Nationalsozialismus uns bringen? Was sind die Grundlagen und Ziele dieser Bewegung? Wird sie unser deutsches Volk zur Kirche, zu Christus zurückführen und ihm damit das geben, was ihm am meisten nottut?

So sehr ich zunächst den nationalen Aufstieg als Deutsche begrüßte, so erfüllte es mein Herz doch bald mit banger Sorge, als ich merkte, daß viel Unrecht geschah. Die brutale Skrupellosigkeit mit der der Partei unbequeme Leute eingesperrt oder beseitigt wurden, mußten jeden rechtlich denkenden Menschen empören. Es wurde nicht mehr nach Recht und Gerechtigkeit gefragt, die Menschen waren wie in einem Taumel. Auch bei bisher Rechtschaffenen verschoben sich die Begriffe von Recht und Unrecht, Gut und Böse. Mit guten Freunden verstand man sich nicht mehr. Wer nicht restlos alles bejahte, was Führer und Partei angeordnet hatten, war für sie erledigt und »gehörte ins KZ«, wie mir eine gute Bekannte wörtlich sagte. Waren das Auswüchse, oder worum ging es?

Bei einer der großen kulturpolitischen Reden Adolf Hitlers, in der er die absolute Unterordnung eines jeden Deutschen unter die Weltanschauung des Nationalsozialismus und die Anerkennung des Führerprinzips verlangte, wobei er betonte, daß es um den ganzen Menschen ginge, – wurde es mir klar, daß wir als Christen vor einer Entscheidung stünden. Es ging um das erste Gebot, ob wir Gott oder einen Menschen über alle Dinge fürchten, lieben, vertrauen und gehorchen sollen. Da konnte es keinen Zweifel mehr geben. Gott und sein Wille mußte uns Christen höchste Autorität bleiben. Erleichtert atmete ich daher auf, als in der Kirche die Bekenntnisfront entstand und sich auf diesen Standpunkt stellte. Trotz aller schweren Konflikte, die daraus entstanden, mußte sie es tun, wenn sie in der Nachfolge ihres Herrn bleiben wollte.

Auch den Kampf gegen den Kommunismus konnte ich in der Form, wie er jetzt – mit Aufpeitschung von Gefühlen des Hasses und der Verachtung – geführt wurde, nicht bejahen. Es wurde mir klar, daß auch im Nationalsozialismus der selbstherrliche Mensch auf den Thron gehoben wurde, ohne mit dem zu rechnen, der Himmel und Erde gemacht hat und auch den »tausendjährigen« Plänen dieser Bewegung ein Ziel setzen konnte.

Am schwersten empfand ich es, daß man zu den Ereignissen, die uns alle aufs tiefste bewegten, wie die Mißhandlung und Verschleppung der Juden und Kommunisten, die Tötung der Geisteskranken oder die Konzentrationslager nicht mehr offen seine Meinung sagen durfte. Als eine Ehrenrettung des deutschen Volkes empfand ich es, daß tapfere Männer wie Bodelschwingh und Bischof Wurm oder Niemöller und Paul Schneider – um nur einige Namen zu nennen – den Mut hatten, mit Gefahr ihres Lebens bis zu den höchsten Stellen dagegen Protest einzulegen.

Unheimlich war auch die Macht der Propaganda und das immer mehr zunehmende Spitzelwesen. Es erfüllte sich hier schon das Wort Jesu »Des Menschen Feinde werden seine eigenen Hausgenossen.« (Matth. 10, 36) Aus dieser atemberaubenden Luft wurde ich unerwartet herausgehoben und in ein anderes Land geführt.

176

13. Kapitel

In der Schweiz

Bei meinen häufigen Reisen zu Vorträgen konnte ich meine Schülerpension nicht mehr in der alten Weise fortführen. Ich litt unter dem Zweierlei der Aufgaben, die sich nur schwer vereinigen ließen. Auf Reisen war ich stets in Eile, nach Gütersloh zurückzukehren, verlor aber dennoch den guten Kontakt zu den Jungens. Meine eigenen Kinder waren alle schon aus dem Hause, die Älteste verheiratet in Jena, mein Sohn und meine Tochter Elisabeth studierten an verschiedenen Universitäten, die Jüngste machte ihren Abschluß am Oberlyzeum in Bielefeld. So ließ ich schließlich meine Schülerpension eingehen.

Nun wäre ich ganz frei für die Vortragstätigkeit gewesen. Aber das ständige Hinundherreisen kann man auf die Dauer weder körperlich noch seelisch aushalten. Dieselbe unsichtbare Hand, die mich in diesen Dienst gerufen, führte mich, als die dafür bestimmte Zeit vorüber war, auch wieder heraus. Es lag schon etwas anderes für mich bereit. Es trat ganz überraschend an mich heran.

In dem Erholungshaus von St. Chrischona, in das mich einst Frl. Riggenbach nach einer Grippe zur Genesung gebracht hatte, war die hochgeschätzte Leiterin Mia Rappard nach schwerem Leiden heimgegangen. Man suchte eine Nachfolgerin und fragte brieflich bei mir an, ob ich bereit sei, an ihre Stelle zu treten?

Wieder einmal stand ich vor einer schweren Entscheidung. Auf meine zögernde Antwort, daß ich aus eigener Kraft dieser großen Aufgabe nicht gewachsen sei, aber wohl wüßte, daß Gott mir das Nötige zulegen könne, wenn es sein Wille sei, kam die telegraphische Bitte, zu persönlicher Aussprache nach Chrischona zu kommen. Ich reiste ab und bekam nach einer Unterredung mit dem ehrwürdigen und sympathischen Direktor Veiel die Freudigkeit zum »Ja«.

Nach Gütersloh zurückgekehrt, teilte ich diesen Entschluß meinen Kindern mit. Sie waren einverstanden, obgleich es ihnen leid tat, von Haus und Garten in Gütersloh Abschied nehmen zu müssen. Nun kündigte ich die Wohnung und begann, unser Heim aufzulösen. Das aber wurde mir schwerer, als ich gedacht hatte. Fünfzehn Jahre hatten wir in Gütersloh gewohnt. Ob es recht war, daß ich nun selbst alles auflöste, um in die Fremde zu gehen? Nahm ich nicht meinen Kindern, die hier heimisch geworden, das Zuhause? Ach, wie schwach ist doch das Menschenherz. Statt im Vertrauen zu Gottes Führung bei dem einmal gefaßten Entschluß zu bleiben, geriet ich ins Schwanken und bereitete mir damit unnötige Qualen.

Die Gütersloher erwiesen mir zum Abschied noch viele Freundlichkeiten.

Der Tag des Aufbruchs kam. Wir saßen gerade am Kaffeetisch in Erwartung der Männer, die unsere Möbel herausschaffen sollten, als die Post wieder einen Brief von St. Chrischona brachte. Direktor Veiel teilte mir darin mit, daß zu seiner großen Bestürzung das Schweizer Arbeitsamt meine Einsetzung als Leiterin nicht genehmigt hätte, weil ich Deutsche sei. Es verlange, daß eine Schweizerin berufen würde. Er hätte von einer solchen Bestimmung nichts geahnt und würde noch sein Möglichstes tun, könnte aber nichts versprechen! Das war eine niederschmetternde Nachricht, hatte ich doch bereits alle Brücken hinter mir abgebrochen. Nun saß ich buchstäblich zwischen zwei Stühlen, ein Zurück gab es für mich nicht mehr. Ich konnte nur abwarten.

Da wir unsere bereits vermietete Wohnung räumen mußten, blieb mir nichts anderes übrig, als mich irgendwo in Pension zu begeben. Meine jüngste Tochter, die getreulich alle äußeren und inneren Nöte mit mir geteilt hatte, begleitete mich in den Harz, wo wir in Bad Sachsa, im Haus Bergfried, eine uns sehr zusagende Pension fanden. Hier kam ich zur Ruhe und wartete mit Spannung ab, was Gott mit mir vorhätte.

Nach etwa drei Wochen erreichte mich die Nachricht, daß die Schweizer Fremdenpolizei mein Kommen gestattet hätte, allerdings nur für ein halbes Jahr. Man hoffe aber, daß sich das verlängern ließe. So sah ich den nächsten Schritt wieder vor mir und tat ihn mit Zuversicht.

Es war Juni 1934 geworden, als ich in Basel ankam. Direktor Veiel holte mich im Chrischona-Auto vom Bahnhof ab, und wir fuhren in schneller Fahrt, an Riehen und Bettingen vorbei, den Berg hinauf, von dessen Höhe das malerische Chrischonakirchlein, umgeben von den Häusern der Pilgermission, schon von weitem grüßte. Von hier oben hatte man einen herrlichen Weitblick auf die Berge des Schweizer Jura. Bei klarem Wetter sah man die Schneegipfel von Jungfrau, Eiger und Mönch im Alpenglühen aufleuchten.

Diesem landschaftlichen Weitblick entspricht auch das Ziel der Pilgermission, wie man es aus den wertvollen Lebensbeschreibungen und Büchern seiner einstigen Leiter, Karl Heinrich Rappard und seiner Frau Dora, kennenlernen kann. Die Pilgermission geht in ihren ersten Anfängen auf Fr. Chr. Spittler zurück, der sie im Jahre 1840 gründete als Gegenwirkung zu dem damals sich ausbreitenden Rationalismus. Im Laufe der Zeit sind im Brüderhaus von St. Chrischona Hunderte von jungen Männern nach intensivem Studium der Heiligen Schrift als Evangelisten in die weite Welt ausgesandt worden, um die Botschaft der Bibel unverkürzt zu verkündigen.

Das »Haus zu den Bergen«, wohin ich als Leiterin berufen wurde, lag am Rande eines Buchenwaldes und stand Erholungsgästen offen. Im Winter war diese Aufgabe verbunden mit einer Bibelschule für junge Töchter. Dieses herrlich gelegene Haus war mit seinen aufs beste eingerichteten Räumen und seiner tadellosen Verpflegung für viele Leute ein beliebter Ferienaufenthalt.

Aber es durfte mehr sein als das. Das Geheimnis des Segens, der von diesem Haus ausgegangen war, drückte am besten der Name aus, den seine Begründerin ihm gab: »Ich hebe meine Augen auf ›zu den Bergen‹, von welchen mir Hilfe kommt.« (Psalm 121) Hier wurde gebetet, aber nicht nur gebetet, es wurde auch viel Wertvolles und Wissenswertes geboten. In dem schönen großen Lehrsaal waren im Hintergrund bequeme Lehnsessel aufgestellt für die Gäste, die je nach Wunsch an den Unterrichtsstunden der Bibelschule teilnehmen konnten, die vom Direktor und den Lehrern des Brüderhauses und der vorzüglichen Lehrerin Frl. Beysiegel gegeben wurden. Sehr befruchtend für Bibelschule und Gäste wirkte sich der Kontakt mit dem Brüderhaus aus. Da Chrischona internationalen Charakter trug, kamen hier Arbeiter im Weinberg Gottes aus aller Welt zusammen. Es war ein Strom geistigen und geistlichen Lebens, der den Leitenden wie den Lernenden vermittelt wurde durch auf Urlaub kommende Brüder, Evangelisten, Missionare, Missionarinnen, die aus ihrer Arbeit erzählten. Auch die Bibelschüler wie die Bibelschülerinnen gehörten verschiedenen Nationalitäten an. Außer Schweizerinnen und Deutschen gab es Holländerinnen, Däninnen, Tschechinnen und Amerikanerinnen. Mit vielen von ihnen bin ich auch später in Liebe und Fürbitte verbunden geblieben.

Eine besondere Freude war es für mich, daß ich mich nun ganz der Bibelarbeit widmen durfte. Danach hatte ich mich stets gesehnt. Unter sorgfältiger Vorbereitung mußte ich auch Altes Testament und Missionsgeschichte geben. Dazu kamen regelmäßige Bibelstunden in einem größeren Frauenkreis in Basel. Daneben gehörte meine Zeit hauptsächlich den Gästen. Unter ihnen gab es so manche, die nicht nur nach äußerer, sondern auch nach innerer Hilfe verlangten. Darum schrieb ich an meine Zimmertür: »Für jedermann und zu jederzeit zu sprechen.«

Gleich im ersten Sommer hatte ich die Freude, daß ich meinen Schwiegervater einladen durfte, als Kurprediger die Bibelstunden im »Haus zu den Bergen« zu halten. Ich sehe ihn noch vor mir, wie er mit seinem weißlockigen Haar, gebückt vom Alter, aus dem Auto stieg. Geistig war er noch ganz frisch. Aber während er früher in seinem Kampfeseifer einem Paulus oder Luther glich, lag jetzt die abgeklärte Ruhe eines Apostel Johannes über ihm. Seine Andachten waren erfüllt von inniger Liebe zu seinem Heiland und klangen immer wieder aus in ein Lob seiner Gnade und Barmherzigkeit. Sie machten tiefen Eindruck.

Unter den Gästen waren damals zwei Damen, die mir auffielen, weil sie sich abseits hielten. Ich fragte sie nach dem Grund ihres Fernbleibens von den Andachten. Da bekannten sie mir, daß sie der jüdischen Religion angehörten. Sie hätten sich versehentlich in unser christliches Haus verirrt und wären, wie sie sagten, am liebsten gleich wieder abgereist. Aber was sie hier festgehalten hätte, wäre der Geist der Liebe gewesen, dem sie noch nie in dieser Art begegnet seien. Ich begrüßte sie nun besonders herzlich als Glieder des auserwählten Volkes und freute mich, daß sie von da ab mit Freude an den Bibelstunden teilnahmen. Sie faßten eine große Verehrung zu meinem Schwiegervater, waren aber auch innerlich gepackt durch seine Worte. Trotzdem blieb Jesus für sie nur der große Mensch, dem sie einen Platz neben Mose und anderen Religionsstiftern einräumten.

Auf einem Waldspaziergang, als wir uns lebhaft über diese Fragen unterhalten hatten, zog ich meine Bibel aus der Tasche und las ihnen das 53. Kapitel des Jesaja vor, in dem das Bild des leidenden und sterbenden Messias so ergreifend vorausgezeichnet ist. Sie waren aufs höchste erstaunt, diese Weissagung im Alten Testament zu finden und konnten es kaum fassen. Denn daß der erwartete Messias so elend zu Grunde gegangen sein sollte am Kreuz, war und ist ja der große Anstoß für alle Juden noch heute. »Wir müssen unseren Rabbiner fragen, wie sich das verhält«, war der letzte Ausweg der beiden Damen. Ob sie den Weg zu Christus als dem Sohne Gottes gefunden haben, weiß ich nicht, aber jedenfalls ist die Botschaft des Evangeliums ihnen nahe gebracht worden. Sie kehrten in ihre elsässische Heimat zurück, wir wechselten einige Briefe, dann verlor ich ihre Spur.

Wenn diese beiden Damen durch den Geist der Liebe, der bei uns herrschte, festgehalten wurden, so war daran – davon bin ich überzeugt – eine unserer Angestellten maßgeblich beteiligt. Sie war eine wirkliche Christin, die ihren Dienst in diesem Sinne in großer Treue, Hilfsbereitschaft und Aufopferung tat. Für ein christliches Haus ist die Haltung des Personals von großer Bedeutung. Der Geist des Hauses wird davon mit beeinflußt. Aber auch unter Christen bleibt leider Zank und Streit nicht aus, und so ging es auch in unserer Küche nicht immer friedlich zu. Im zweiten Jahr meines Chrischona-Aufenthaltes wurde es damit viel besser. Ich hatte von einer blinden Schwester gehört, daß sie ein kleines Erholungsheim in der Nähe von Basel nur mit Gebet leite. Eines Tages suchte ich sie auf. Die halbe Stunde, die ich bei dieser blinden Beterin zubringen durfte, machte mir tiefen Eindruck und veranlaßte mich, von da ab unsere Angestellten regelmäßig einen Abend in der Woche auf mein Zimmer einzuladen. Nach kurzer Schriftbetrachtung besprachen wir miteinander ganz offen alles, was in unserem Verhalten in der Woche nicht recht gewesen sei und was anders werden müsse. Daran schloß sich eine Gebetsgemeinschaft an. Diese Mittwochabende wirkten sich sehr wohltätig aus, es entstand ein innerer Zusammenschluß und ein größeres Vertrauen als bisher, manche Schwierigkeiten glätteten sich.

Nicht unerwähnt darf bleiben, daß wir auch auf Chrischona eine stille Beterin hatten, von der ein verborgener Segen ausging. Das war die schwer herzkranke Frau des Direktors, Emmy Veiel. Wenn ich an ihrem Krankenbett saß und ihr von unseren Sorgen oder Freuden erzählte, durfte ich gewiß sein, daß sie alles Gehörte auf ihr warmes und betendes Herz nahm.

Viel Anregungen verdankte ich der Nähe Basels, dieser Universitäts- und Missionsstadt, an der damals Karl Barth, Adolf Köberle, Direktor Hartenstein, Erich Schick und andere bekannte christliche Persönlichkeiten wirkten. Manche bleibenden Beziehungen entstanden auch zu Privathäusern. So durfte ich zum Beispiel bei der schon öfter erwähnten Fräulein Gertrud Riggenbach jederzeit willkommen sein. Das bedeutete viel für mich, die ich das eigene Zuhause doch manchmal entbehrte, kann man doch als Leiterin eines größeren Betriebes fast nie Privatmensch sein. Bei Frl. Riggenbach konnte ich öfters an den Frauenmissionsstunden und dem Frauen-Missionsgebetsbund teilnehmen.

Nicht ohne Bedeutung ist es für mich als Lutheranerin gewesen, daß ich auf Chrischona mit christlichen Kreisen anderer Schattierungen stärker als bisher in Berührung kam. Wohl vermißte ich mitunter manche Reichtümer der mir vertrauten lutherischen Kirche, besonders im Gottesdienst wie im Lied, fand aber dafür neue Reichtümer, und so taten sich mir weitere Horizonte auf mit einem neuen Verstehen und einer neuen Liebe zu den vielen, die bei aller Verschiedenheit der Art doch als *eine* Herde die Stimme des *einen* Hirten hören. Auch ist mir erst auf Chrischona aufgegangen, wie sehr Kirche und Gemeinschaft einander brauchen, wie sie einander vertiefen und befruchten können, wenn sie beide im Glauben an den gekreuzigten und auferstandenen Heiland stehen. Darauf kommt es freilich an.

Wo viel Licht ist, da ist auch Schatten. Alle christlichen Anstalten müssen es, wie ich glaube, mit Schmerzen erleben, daß der große Durcheinanderbringer es darauf anlegt, auch bei ihnen den Frieden zu stören und den Segen zu hindern. Um der Ehrlichkeit willen möchte ich nicht verschweigen, daß dies auch in unserem Chrischonaheim nicht ausblieb. Aber wir sind ja alle miteinander nur irdene Gefäße und allzumal Sünder und wissen, wo alle Schuld vergeben und ausgelöscht wird. Und dafür müssen wir wohl am tiefsten danken.

Nur zwei Jahre bin ich auf Chrischona gewesen, dann ließ das Schweizer Arbeitsamt sich nicht mehr erweichen, trotz aller Bemühungen meiner Freunde, die ihr Möglichstes taten, um mein Bleiben durchzusetzen. Es gelang nicht. Ich selber war geteilten Herzens. So sehr die Arbeit und auch die Menschen mir ans Herz gewachsen waren, so hatte ich doch niemals Gott um mein Bleiben bitten können. Ich konnte mich nur ganz seiner Führung anvertrauen. Gleichzeitig mußte auch der sehr geschätzte Lehrer des Brüderhauses, Pastor Ernst Bunke (früher Leiter der Berliner Stadtmission), sein Amt aufgeben. Er kehrte mit seiner Frau nach Berlin zurück. Wir blieben in regem Briefwechsel, bis mich eines Tages die erschütternde Nachricht erreichte, daß das Ehepaar Bunke ein Opfer des Bombenkrieges geworden sei!

Beim Rückblick auf die Zeit in Chrischona weiß ich es heute noch besser als damals, daß es ein Wagnis war, diesen Auftrag anzunehmen. Ich bin mir bewußt, wie mangelhaft ich ihn ausgeführt habe und wieviel ich schuldig geblieben bin. Dennoch sehe ich es als eine Gnade Gottes an, daß er mich für eine Zeitlang in das große christliche Erbe dieses Glaubenswerkes hineinstellte. Ich habe viel und Wichtiges dabei gelernt und durfte zugleich die beglückende Erfahrung machen, wie der, welcher das Wort Gottes weiterzusagen hat, selber dadurch gesegnet wird.

14. Kapitel

Wieder in Deutschland

Wieder lag ein Abschnitt meines Lebens abgeschlossen hinter mir. Die Zukunft schaute mich wie ein großes Fragezeichen an. Wohin sollte ich jetzt meine Schritte richten? Mancherlei Angebote traten aus Deutschland an mich heran: die Leitung eines Studentenheims, Mitarbeit in dem Altersheim eines Diakonissenhauses, seelsorgerliche Aufgaben in einer bekannten, christlichen Anstalt, Leitung einer großen Frauenarbeit im Osten. Noch erkannte ich nicht deutlich, wo mein Auftrag lag.

Da machte ein Brief meiner Töchter allem Zweifel ein Ende. Die Jüngste studierte seit anderthalb Jahren an der Hochschule für Lehrerbildung in Hannover und setzte ihren ganzen Einfluß dafür ein, unter ihren Kameradinnen einen guten und christlichen Geist zu stärken. Jetzt hatte sie ihre ältere Schwester, die kürzlich bei einer illegalen Prüfungskommission der Bekennenden Kirche ihr erste theologische Prüfung bestanden hatte, gebeten, nach Hannover zu kommen und ihr durch Aufbau einer Studentinnengemeinde zu helfen. Das Lindeskirchenamt in Hannover war bereit, für diese Arbeit den kirchlichen Auftrag zu erteilen. Nun baten mich meine Töchter, mit ihnen nach Hannover zu ziehen und wieder einen gemeinsamen Haushalt zu begründen. Ohne Bedenken sagte ich zu. Wenn meine Kinder mich riefen und brauchten, so ging das allem anderen vor.

Als ich dann im September 1936 in Hannover eintraf, empfingen mich meine Töchter in einer hübschen modernen Vierzimmerwohnung, die sie inzwischen gemietet hatten und die wir nun gemeinsam gemütlich einrichteten. Heimatlich schauten mich die altvertrauten Möbel an, das alte, aber so bequeme Sofa, auf dem ich schon als Kind gesessen, der Mahagonischreibtisch meiner Mutter und manche andere Zeugen längstverklungener glücklicher Jahre. Es war ein eigenes Gefühl, als ich zum erstenmal wieder an unserem langentbehrten Flügel saß und die von meinen Kindern so geliebten Melodien, Beethovens Mondscheinsonate und die Pathétique, Schuberts Impromptus und Chopinsche Walzer aufklangen.

Ganz so schön, wie ich es mir erträumte, sollte das Leben in diesem neuen Heim freilich nicht werden. Beide Töchter waren so in Anspruch genommen, daß ein gemütliches Familienleben nicht zustande kam. Für Beate, die jüngste, war es das letzte Semester, in dem sie sich mit großem Eifer ihrem Studium widmete und außerdem ständig unterwegs war zu Sitzungen, Besprechungen und Tagungen. Ihre Schwester, die Theologin, stand vor der schwierigen und nicht ungefährlichen Aufgabe, an einer Hochschule, die damals vorwiegend vom Geiste des Nationalsozialismus bestimmt war, eine evangelische Studentengemeinde zu sammeln. Da sie aus ihrer Zugehörigkeit zur Bekennenden Kirche kein Hehl machte, wurde ihr das Betreten der Hochschulräume bald verboten. Trotzdem ließ sie sich nicht irre machen. Auf immer neuen Wegen, vor allem durch Vortrags- und Diskussionsabende, die im benachbarten Bugenhagen-Gemeindehaus veranstaltet wurden, gelang es doch, in jedem Semester von neuem aus der stets wechselnden Schar der Studentinnen eine kleine Studentinnengemeinde zu sammeln. Vor meinen Augen steht ein Semesterschlußgottesdienst zu einem Zeitpunkt, als die Widerstände besonders heftig geworden waren. Meine Tochter hielt am Altar der Bugenhagenkirche eine ganz auf die Studentinnen und ihre Lage eingehende biblische Ansprache. Zum Schluß forderte sie zu der anschließenden Abendmahlsfeier

186

auf, und ganz spontan kam eine große Schar, wohl etwa 40 Mädchen – in der damaligen Situation ein Bekenntnis. Es war eine Arbeit, die vorwiegend im Verborgenen geschah, von der aber doch Wirkungen ausgingen.

Persönlich bin ich in Hannover nicht recht warm geworden. Der Nationalsozialismus beherrschte das ganze öffentliche Leben. Man hatte das bedrückende Gefühl, mit all seinen Worten und Taten, ja, wenn es möglich gewesen wäre, bis in seine Gedanken hinein unter seiner Kontrolle zu stehen. In kleinsten Kreisen mußte man sich in acht nehmen. Nicht weit von uns wohnte ein Zahnarzt, dem beim Hinausbegleiten einer Patientin ein unvorsichtiges Wort entschlüpft war. Sofort ging sie zur Gestapo, er wurde verhaftet und nach Berlin gebracht. Alle Bemühungen, ihn zu retten, halfen nichts, er wurde hingerichtet. Das war kein Einzelfall. Um manchen lieben Bekannten, der völlig grundlos eingesperrt, lange gefangen gehalten wurde, war man in heißer Sorge, wußte man doch nie, wie die Sache enden würde.

Innerhalb der Kirche hatte sich der Konflikt zwischen der Bekennenden Kirche und den Deutschen Christen verschärft. Niemöller und andere Pastoren saßen im KZ. Hugo, Traugotts jüngster Bruder, damals Superintendent an der Frauenkirche in Dresden, wurde als Führer der Sächsischen Bekenntnisfront aufs schwerste angefeindet und schließlich aus Sachsen ausgewiesen. Auch mein Sohn stand als Vikar der Bekenntnisfront immer wieder vor schweren Problemen. Zusammen mit seinem Freunde, Hans Thimme, hatte er in Westfalen die Bruderschaft junger Theologen der Bekennenden Kirche begründet und setzte sich mit aller Entschiedenheit für diese Kampfgemeinschaft, deren Leitung auch weiter in den Händen der beiden jungen Theologen lag, ein. Das Belastendste waren für mich in der damaligen Situation die ständigen Gewissenskonflikte. Wo mußte man reden, wo durfte man schweigen? Daß wir in unserer Wohnung in Hannover weder Radio noch Telefon besaßen, empfanden wir als ein Manko, aber es hatte das Gute, daß wir damit außerhalb der Flut der Propaganda standen und es leichter hatten, uns die innere Unabhängigkeit zu bewahren.

In einer derartig aufgeregten Zeit war es fast ein Wunder zu nennen, daß das persönliche Leben doch mancherlei Schönes, dessen man sich dankbar freuen konnte, brachte. Ein solcher Höhepunkt war die Ordination meiner Tochter durch Landessuperintendent Laasch in der Bugenhagenkirche. Es ergriff mich tief, daß schon zum zweitenmal ein Kind von Traugott in das von ihm so geliebte Amt eingeführt wurde. Dieses Mal war es die Tochter, die ihm in mancher Beziehung ähnelte und es verstand, das Erbe des Vaters in ihrem Dienst fruchtbar zu machen.

Die Ordination meines Sohnes hatte schon früher in Dortmund stattgefunden. Er war an die Marienkirche in Minden berufen worden. Als ich zum erstenmal das Mindener Pfarrhaus betrat, war ich ganz begeistert von der schönen, freien Lage des Hauses an der Weserbrücke, mit dem Blick auf die Weserberge, die hier die westfälische Pforte bilden. Wieder ein Pfarrhaus und darin Traugotts Sohn als Pfarrer einer Gemeinde! Welch ein Sehnsuchtstraum erfüllte sich mir damit!

15. Kapitel

»Als die Sterbenden, und siehe, wir leben«

Wie nah sind Freud und Leid beieinander! Annemarie, unsere Älteste, die auf der in Den Haag stattgefundenen Hochzeit des Bruders eine der Fröhlichsten gewesen war und von ganzem Herzen am Glück des Bruders teilgenommen hatte, stand, ohne daß jemand von uns es ahnte, schon an der Schwelle jener Tür, von der es kein Zurück gibt.

Durch die Ursprünglichkeit und Wärme ihres Wesens hatte Annemarie auch während der kurzen Tage in Holland die Herzen dort gewonnen. »Es ist, als hätte Annemarie einen Sonnenstrahl in sich eingefangen«, schrieb mir damals jemand.

Und doch war sie nicht mehr dieselbe himmelhoch jauchzende Annemarie von früher, die wie ein Frühlingstag voll Blüten und Knospen dem Leben erwartungsvoll entgegenstürmte. Sie hatte schon zu viel Schweres erlebt. Ihr schönes Heim in Jena, in dem sie als junge, strahlende Hausfrau so viel Frohsinn verbreitete, hatte sie mit ihrem Mann verlassen müssen, um in die Fremde zu ziehen. Er, ein sehr bedeutender und von seinen Studenten hochgeschätzer Hochschullehrer, hatte infolge der politischen Ereignisse sein Amt niederlegen müssen und war nach Stockholm gegangen.

Unter diesem Schicksalsschlag litt Annemarie sehr. Sie litt unter der Trennung von Deutschland, unter der Trennung von Mutter, Geschwistern und Freunden. Als ich sie nach langer Zeit wiedersah, ergriff es mich, auf ihrem Gesicht einen mir unbekannten Zug zu sehen, der verborgene Kämpfe und Tränen verriet. Dennoch fand sie sich mit großer Tapferkeit in die veränderten Verhältnisse und verstand es, auch mit geringen Mitteln ihre kleine Häuslichkeit in Stockholm so behaglich zu machen, daß jeder sich darin wohlfühlte.

Ein Quell der Freude und eine Trösterin blieb ihr die Musik. Durch ihr sicheres Gehör und ihre klangvolle Stimme wurde sie bald ein geschätztes Glied der musikalischen Gesellschaft in Stockholm, die unter ihrem vorzüglichen Leiter, David Ahlén, die großen Passionen und Oratorien aufführte. Hier sang sie mit innerster Anteilnahme mit. Daneben nahm sie Gesangstunden, und ihre Stimme nahm zu an Kraft und Fülle. Aber was ihren Gesang, der ganz ungekünstelt war, besonders zu Herzen gehen ließ, war etwas anderes. Ob es eine Arie von Bach oder Händel war oder ein schlichtes Abendlied, stets legte sie ihre ganze Seele hinein, es wurde Verkündigung.

Dabei war sie ein Mensch, der fromme Worte haßte. Auf sie paßte das Wort: »Ich bin kein ausgeklügelt Buch, ich bin ein Mensch mit seinem Widerspruch.« Sie hatte geradezu eine Angst davor, frömmer zu scheinen, als sie war. Im Lied aber gab sie ihr innerstes Wesen, das sich nach Gott ausstreckte. Sie hungerte nach Gerechtigkeit, nach tieferer Erkenntnis und nahm das Wort Gottes, wo es lebendig ausgelegt wurde, dürstend auf.

Nach einem sehr schweren Erlebnis schrieb sie mir, daß sie in ihrer Verzweiflung und Hoffnungslosigkeit nach dem Losungsbuch gegriffen hätte und darin für diesen Tag den 23. Psalm angegeben fand. Sie las ihn sogleich mit ihrem Mann und schilderte mir, wie das auf sie gewirkt hätte. Alles Dunkle und aller Krampf hatte sich in ihr gelöst und einer großen Freude Platz gemacht. »Ebenso erging es mir«, schrieb sie, »als wir am nächsten Morgen alle Verse von dem Lied ›Ist Gott für mich, so trete‹ sangen« und fuhr dann fort: »Solche Erlebnisse sind nie zu teuer erkauft. Wenn später auch immer noch Stunden der Verzagtheit kommen, so hat man doch das feste Vertrauen gewonnen, daß Gott einem auch in anderen finsteren Stunden beistehen wird und man einen festen Grund hat, auf den man sich zurückretten kann.«

Es war wenige Monate nach unserem letzten Wiedersehen in Deutschland, als Annemarie an einer Mittelohrentzündung erkrankte, in deren Verlauf sie in ein Krankenhaus in Stockholm eingeliefert und der Knochen hinter dem Ohr aufgemeißelt wurde. Leider brachte das keine Erleichterung, sondern verstärkte die Schmerzen. Sechs Tage nachher schrieb sie mir mit zitternder Hand: »Ich gehe durch eine Schlucht von Schmerzen und Qualen und sehe noch kein Licht . . . Es haben sich ganz entsetzliche Nervenschmerzen im Kopf eingestellt, die mich Tag und Nacht jagen . . . Mamichen, mit heißen Tränen sehne ich mich nach Dir. Ich kann Euch nicht sagen, was Eure Briefe mir bedeuten, es ist wie ein festes Seil der Liebe, das Ihr mir herüber werft und daran ich mich halte . . .«

In der nächsten Nacht stellte sich hohes Fieber ein. Sie wurde geröntgt und dann sofort eine zweite Operation gemacht, bei der man einen Eiterherd an einem Blutgefäß fand. Mehrere Tage hielt sich das Fieber über 40 Grad. Dann fiel es, und Annemarie hoffte, über dem Berg zu sein. Aber am selben Abend schon kam der Rückschlag, erneutes hohes Fieber, das stieg und sank. Die Ärzte erklärten, noch ein drittes Mal operieren zu müssen.

Ich war damals gerade zu Vorträgen in der Schweiz und in heißer Sorge, wie es in Schweden stehe. Eines Nachts war es mir, als ob Annemarie mich laut riefe. Am andern Morgen erreichte mich eine Karte von ihr, die mich tief erschütterte. In schwer leserlichen Schriftzügen schrieb sie: »Mein geliebtes Herzens-Mamichen, ich muß Dich noch einmal küssen und umarmen, ehe ich morgen früh zum drittenmal auf den Operationstisch muß . . .

Herzens-Mamichen, es ist wohl schwer, daß das jetzt wieder anfängt. Das Fieber ist so quälend . . . ›Ist Gott für mich, so trete gleich alles wider mich‹, ist mir ein starker Halt und Trost und der wunderbare 103. Psalm, bei dem mir immer ist, als ob ich auf Vaters Schoß säße. Ich bitte Gott, daß er mich ganz in seine Hand nimmt, es gehe, wie es gehe . . .«

Wie grenzenlos schwer war es mir jetzt, in der Schweiz so unerreichbar weit fort zu sein. Aber gerade das sollte sich als Fügung erweisen. Von Deutschland aus hätte ich kaum die Reise machen können, denn man durfte damals nur zehn Mark ins Ausland mitnehmen. Nun aber nahmen meine Schweizer Freunde aufs herzlichste an meiner Sorge Anteil und boten an, mir die Reise nach Schweden zu schenken!

Es war ein Samstag, als ich von Basel aus mit meinem Schwiegersohn in Stockholm telefonierte. Es stünde ernst um Annemarie, sie hätte sehr nach mir verlangt, sagte er, ich möchte, wenn möglich, bald kommen.

Da in Basel an dem Samstag bereits alle Reisebüros geschlossen waren, bedurfte es der ganzen Liebesenergie von Fräulein Riggenbach, mir nach mehrstündigem Telefonieren eine durchgehende Fahrkarte nach Stockholm zu verschaffen. Am selben Abend reiste ich ab, und nach zwei angstvollen Tagen und Nächten unterwegs stand ich an Annemaries Krankenlager. Wie geschwächt und leidend sah sie aus! Aber ein glückliches Lächeln verklärte ihre Züge, als sie mich sah.

Fast sieben Wochen habe ich bei meinem kranken Kinde sein dürfen, ehe es nach schwerem Leiden heimging. Wir haben das als ein großes Geschenk von Gott genommen. Immer wieder sagte Annemarie: »Es ist einfach wunderbar, daß Du hier bist, Mamichen. Wenn ich hier allein liegen müßte, es wäre undenkbar.« Und einmal sagte sie sogar: »Dafür lohnt es sich fast, krank zu sein.«

Im Krankenhaus kam man uns außerordentlich freundlich entgegen. Obgleich Annemarie dritter Klasse lag, hatte sie meistens ein Zimmer für sich, und ich durfte tagsüber bei ihr sein.

An diesem Krankenlager konnte man manches für die Krankenseelsorge lernen, vor allem, daß man Schwerkranken nur wenig zumuten darf, keine langen Andachten, nicht viele Bibelsprüche, einer genügt. Annemarie konnte ich nur *einen* Vers oder *ein* Bibelwort sagen, und das mußte bekannt sein wie etwa »Fürchte dich nicht, glaube nur«. Mehr konnte sie in ihrer Sterbensmattigkeit nicht verarbeiten. Dies eine Wort aber nahm sie intensiv in sich auf, und es begleitete sie durch viele Stunden.

Einmal äußerte sie, wie gut es wäre, daß wir mit unserem Glauben nicht auf Erfahrungen angewiesen seien, sondern gehalten würden. Ja, sie wurde gehalten!

Annemarie konnte vor Schwäche und Husten nur noch flüstern. Ich mußte mein Ohr an ihren Mund legen, um sie zu verstehen. Dennoch sagte sie mir eines Tages: »Mamichen, ich muß dir etwas erzählen«, und berichtete dann wie sie vor der dritten Operation inständig Gott gebeten hätte, sie davor zu bewahren. Auch die Losung sei an dem Tag so ermutigend gewesen. Darauf hätten die Ärzte bei der nächsten Untersuchung eine solche Besserung gefunden, daß sie glaubten, von der Operation Abstand nehmen zu können. »Das war ein großes Erleben, ein Gotterleben«, sagte Annemarie und fuhr dann fort: »Aber am nächsten Tag kam ein Rückschlag, und die Operation mußte doch gemacht werden. Was sagst du nun, Mamichen? War ich nicht genarrt?« Gespannt sah sie mich an.

Es ist nicht leicht, auf solche Frage zu antworten. Ich suchte etwas ungeschickt nach dem richtig helfenden Wort. Da unterbrach sie mich schon und sagte fast vorwurfsvoll: »Aber Mamichen, wegen einer solchen Lappalie werde ich doch meinen Glauben nicht hinwerfen.«

Da stand ich wieder einmal staunend vor der Wirklichkeit Gottes. Wie lebendig mußte er meinem Kinde nah gewesen sein, daß sie ihre tiefe Not demgegenüber als Lappalie bezeichnen konnte. Der Gedanke an das nahende Osterfest begann sie zu beschäftigen. »Zu Ostern möchte ich es schön haben«, sagte sie, »ob ich dann schon zu Hause bin?« Ach, wie weh wurde mir ums Herz. Ich ahnte, daß sie ihr irdisches Heim nicht wiedersehen würde.

Die stille Woche kam. Annemarie war in die Lungenabteilung überführt und lag nun in einem großen Acht-Betten-Saal. Ihr Mann und ich durften nur noch zu den Besuchsstunden zu ihr, das war schwer. Eine vierte Operation wurde gemacht, bei der man die Lunge öffnete. Der Befund zeigte, daß nichts mehr zu hoffen war. Als am Abend ihr Bett auf den Korridor geschoben wurde, sagte man mir, daß ich auch zur Nacht nicht fortgehen solle. Annemarie strahlte auf bei dieser Nachricht, und es bedeutete tatsächlich eine große Erleichterung für sie. Denn, wenn die Atemnot sie quälte, bat sie mich immer wieder: »Erzähl mir etwas.« Und ich erzählte und erzählte, zuletzt ganze Teile aus dem Tagebuch von Monika Hunnius, das ich gerade gelesen hatte. Sie hing mit äußerster Spannung an meinen Lippen, fragte, sobald ich stockte, »und dann und dann?« und schien ihre Not wirklich darüber etwas zu vergessen.

Unvergeßlicher Karfreitag! Wir hatten das heilige Abendmahl an Annemaries Bett gefeiert. Am Abend wurde sie wieder auf den Korridor geschoben. Ich wußte jetzt, was das zu bedeuten hatte. In dem überfüllten Krankenhaus gab es keinen andern Ort zum Sterben. Ihr Mann und ich durften bei ihr bleiben. Die Nacht kam. Das Atmen wurde immer schwerer.

Ich hielt Annemarie in meinem Arm, und als sie mich angstvoll ansah, sagte ich tröstend: »Annemarie, dein Heiland ist dir ganz nah.« Da schlug sie die Augen auf und fragte mit äußerster

194

Spannung: »Ist er nah? Kommt er, mich zu holen? Jetzt? Bald?«
»Ja, er kommt jetzt und holt dich in seinen Himmel.« Da fiel es
wie Fesseln von ihr. Es war, als ob die große Stunde, da sie in
die Ewigkeit eingehen sollte, alles in ihr löste. »Denk, gerade
zu Ostern«, sagte sie mit leuchtenden Augen. Und nun begann
sie sich mit ganzer Seele auf den Himmel zu freuen. Sie freute
sich auf das Wiedersehen mit dem Vater und den andern Lieben
droben, sie freute sich auf das Singen. Dann aber brach es voll
Andacht und Inbrunst aus ihr heraus, und sie sagte mit großer
Betonung:

> »Auf, auf, mein Herz, mit Freuden
> nimm wahr, was heut geschicht.
> Wie kommt nach großem Leiden
> nun ein so großes Licht!
> Mein Heiland war gelegt
> da, wo man uns hinträgt,
> wenn von uns unser Geist
> gen Himmel ist gereist.«

Auch den andern Vers sagte sie:
> »Ich hang und bleib auch hangen an Christo als ein Glied,
> wo mein Haupt durch ist gangen, da nimmt er mich auch mit.
> Er reißet durch den Tod, durch Welt, durch Sünd, durch Not,
> er reißet durch die Höll, ich bin stets sein Gesell.«

Dann versuchte sie zu singen:
»Christ lag in Todesbanden . ..«, bis ein Hustenfall sie unterbrach. Noch viele andere Lieder sagte sie her, mehrere Verse aus
»Warum sollt ich mich denn grämen«, »Kann uns doch kein Tod
nicht töten, sondern reißt unsern Geist aus viel tausend Nöten . . .« Wenn sie nicht weiterwußte, mußte ich aushelfen.

Mit ergreifender Liebe nahm sie Abschied von uns, hatte für
jeden noch ein besonderes Wort, auch für die fernen Geschwi-

ster, Verwandten und Freunde. Den Nachtschwestern, die staunend dabeistanden, dankte sie für ihre Pflege.

Dann aber kam das Bewußtsein ihrer Sünden über sie und begann, sie tief zu beunruhigen. Immer wieder rief sie den Heiland an und fragte: »Kann er mir denn vergeben, ich bin doch solch große Sünderin gewesen? Ich hab Euch alle viel zu wenig geliebt.« Ich antwortete ihr, daß das Blut Jesu Christi sie rein waschen werde von aller Sünde, schneeweiß, auch wenn sie blutrot wäre. »Schneeweiß, schneeweiß, ganz ohne Verdienst und Würdigkeit« wiederholte sie mehrmals. Endlich lehnte sie sich müde zurück und sagte: »Jetzt habe ich auch gar keine Angst mehr, jetzt will ich schlafen.«

Erst gegen Abend wurde es auf dem Korridor ruhig. Still saßen wir an Annemaries Lager. Wir spürten den Hauch der Ewigkeit und die heilige Stille des nahenden Todes. Schweigend horchten wir auf die immer seltener werdenden Atemzüge, bis sie ganz aufhörten. Es war Karsonnabend. Annemarie war eingegangen zur großen Osterfreude.

Auf dem kleinen Friedhof Danderyd bei einer alten Kirche aus dem 14. Jahrhundert wurde Annemarie bestattet. Ihre Freunde schenkten ihr die schwedische Erde. An ihrem weißen, mit Rosen geschmückten Sarg sang der Chor der musikalischen Gesellschaft, dem Annemarie angehört hatte, aus dem Requiem von Brahms: »Selig sind, die da Leid tragen, denn sie sollen getröstet werden.«

Der Pfarrer aber sagte am offenen Grabe: »Wie heilig ist diese Stätte, hier ist nichts anderes als Gottes Haus, hier ist die Pforte des Himmels.« (1. Mose 28, 17)

Unter Annemaries Leben möchte ich in tiefer Wehmut und doch in großer Dankbarkeit das Wort setzen, das mein Schwiegersohn von ihr sagte: »Christus hat in Annemarie gesiegt.«

16. Kapitel

Weitere Führungen

Es war in den letzten Augusttagen des Jahres 1939. Die Kriegsgerüchte mehrten sich.

Ich war mit beiden Töchtern in Stuttgart. Schon lange spürte man das Gespenst des Krieges sich drohend nahen. Als es dem Eingreifen Chamberlains gelungen war, den Krieg noch einmal abzuwenden, hatten wir aufgeatmet. Jetzt schien er unvermeidlich. Schon wurden die Männer zu den Waffen gerufen, eine große Erregung griff um sich. Alles Leben ringsum war auf Abschied eingestellt. In der ehrwürdigen Stiftskirche fand ein tiefernster Abendgottesdienst statt. Beate, meine Jüngste, und ihr Verlobter saßen neben mir, und ich spürte die zitternde Angst ihrer Herzen um ihr junges Glück. Jede Stunde konnten sie auseinandergerissen werden. Am andern Morgen, am 1. September 1939, war das Gefürchtete Tatsache geworden. Der Krieg war ausgebrochen!

Wir entschlossen uns zur sofortigen Eheschließung unseres Brautpaares. Da mit Luftangriffen gerechnet wurde, half der Bräutigam noch den ganzen Vormittag seinen Eltern, Bücher und andere wertvolle Dinge in den Keller zu räumen und erschien erst im letzten Augenblick, um seine Braut abzuholen. In fliegender Eile hatte ich Kranz und Schleier besorgen können, und Beate sah auch ohne den üblichen Hochzeitsstaat in ihrem hellblauen Organdykleid sehr bräutlich aus. Wir wanderten alle zu Fuß in die kleine Feuerbacher Kirche, die wir noch schnell mit Blumen geschmückt hatten.

Es war ein feierlicher Augenblick, als in dieser weltgeschichtlichen Stunde das Brautpaar vor dem Altar stand und der geliebte Onkel Hugo in tiefer Ergriffenheit die Trauung vollzog.

Als eine besonders gnädige Fügung haben wir es alle angesehen, daß unser Großvater, der Patriarch unserer Familie, kurz vor dem Ausbruch des Krieges, in dem alle seine Enkel eingezogen wurden und mancher von ihnen fallen sollte, von Gott abgerufen wurde. Noch im August 1938 hatten wir in Burgdorf, wo er bei seiner Tochter die letzten Jahre seines Lebens verbrachte, seinen 90. Geburtstag gefeiert.

Kinder und Enkel waren fast vollzählig zu diesem besonderen Tag erschienen. Gleich am Morgen dieses 15. August vereinigte Großvater, als das greise Oberhaupt seiner Familie, uns alle zu einer Feier des Heiligen Abendmahls, die er selber hielt. Es war, als ob er damit alle seine Kinder und Enkel, jung und alt, ohne Ausnahme mitnehmen wollte auf den Weg des Lebens, den er selber gegangen und auf dem er keinen vermissen wollte.

Bis auf seine zunehmende Schwerhörigkeit war er noch sehr rüstig und voll Liebe für uns alle. Wie freute er sich jedesmal, wenn einer von uns ihn in Burgdorf besuchte. Dann ließ er sich von allen großen und kleinen Sorgen berichten und nahm sie auf sein betendes Herz. Die Fürbitte nahm einen breiten Raum in seinem Leben ein. Es waren über hundert Menschen, deren er täglich vor Gott gedachte. So gingen, als er nicht mehr öffentlich reisen und reden konnte, doch verborgene Segensströme von ihm aus.

Ein halbes Jahr nach der neunzigsten Geburtstagsfeier waren wir wieder um ihn versammelt, aber diesmal umstanden wir sein Sterbebett. Ein heiliger Ernst lag über ihm. Auch diesesmal feierten wir das heilige Abendmahl, wobei er laut mitsprach und mitbetete. Dann schloß er am 19. März 1939 seine lieben Augen für immer.

Als Grabspruch hatte er, der still aber doch mit Schmerzen den Verlust der Heimat getragen hatte, sich das Wort aus dem Hebräerbrief gewählt: »Wir haben hier keine bleibende Statt, sondern die zukünftige suchen wir . . . Jesus Christus gestern und heute und derselbe auch in Ewigkeit.« Seine sterbliche Hülle wurde nach Reval überführt und in heimatlicher Erde neben seiner Frau bestattet.

Von den vielen tiefgreifenden, alles bisher Dagewesene umstürzenden Ereignissen, die der Krieg mit sich brachte, möchte ich hier nur eines erwähnen, das uns persönlich besonders berührte: die Umsiedlung der Deutschbalten ins deutsche Reich. Kaum fassen konnten dies wir Balten, die wir schon lange in Deutschland ansässig waren, aber doch noch mit allen Fasern an der alten Heimat hingen. Mit einem Federstrich war die siebeneinhalb Jahrhunderte lange Geschichte dieses deutschen Volksstammes in den Ostseeländern abgebrochen!

Die Auswanderer hofften zwar, im alten Mutterlande eine neue Heimat zu finden, aber den meisten ging dieser Abschied doch ans innerste Herz. Eine liebe Bekannte schrieb mir damals: »Um keinen meiner lieben Toten habe ich so viele Tränen geweint wie um die verlorene Heimat.«

Im Verlauf des Krieges wurde auch mein Sohn als Soldat eingezogen. Es war ein schwerer Abschied. Die Sorgen und Ängste, die ich in den Jahren seines Soldatseins um ihn ausgestanden habe, sind dieselben wie die unzähliger anderer Mütter. Ich brauche sie nicht zu beschreiben. Unser großer Trost war die Fürbitte, mit der wir uns täglich vor Gottes Thron begegneten, dauerte es doch noch eineinhalb Jahre nach dem Kriegsende, bis mein Sohn wieder heimkam.

Meine Tochter, die Theologin, hatte, da die Hochschule wegen Gefahr des Luftkrieges evakuiert worden war, anstelle der Studentinnenarbeit die Kriegsvertretung für den eingezogenen

Pfarrer der Bugenhagengemeinde in Hannover übernommen. Im Sommer 1943 verbrachten wir einige schöne Ferienwochen bei meinen Kindern Nestle in Stuttgart-Degerloch. An ihren beiden Kindern freuten wir uns von ganzem Herzen.

Fast hätte man hier den Krieg vergessen können. Da hörten wir am 26. Juli 1943 von dem ersten großen Luftangriff auf Hannover. Meine Tochter fuhr eilends ab, um in diesen schweren Tagen ihrer Gemeinde nahe zu sein. Als ich ihr Anfang September folgte, lasteten die ständigen Alarme drohend über jedem Tag. Stundenlang saß man tatenlos im Keller, fast jede Nacht war gestört.

Am 22. September erlebten wir den ersten Großangriff. Dicht gedrängt mit den vielen andern Hausbewohnern des vierstöckigen Hauses saßen wir im engen Keller. Der Boden unter uns schwankte. Über uns schien alles zusammenzubersten unter dem furchtbaren Getöse der rings um uns niederprasselnden Bomben. Jeder Augenblick konnte der letzte sein.

Aber diesesmal blieben wir bewahrt, ebenso beim zweiten Großangriff eine Woche später.

Mein Sohn schrieb aus dem Feld immer wieder in heißer Angst um uns: »Geht zur Nacht aus Hannover heraus, möge alles verbrennen, wenn nur Ihr am Leben bleibt.« – Am 8. Oktober wollten wir versuchen, abends nach Burgdorf zu Verwandten zu fahren. Es kam aber nicht dazu. Der Tag war besonders unruhig gewesen. Nach einem Tagesalarm, der uns sehr lange aufhielt, kam der Befehl, alles Brennbare aus unserer Dachkammer, die vier Treppen hoch lag, herunterzuschaffen. Das Treppauf und Treppab nahm uns viel Zeit. Als ich endlich im Bett lag, ertönte um halb ein Uhr das schaurig klagende Geheul der Sirene. Ich war todmüde und mochte nicht aufstehen. Aber gleich darauf stand meine Tochter an der Tür: »Komm schnell«, sagte sie. Notdürftig kleidete ich mich an, ergriff mein Köfferchen, in dem die wichtigsten Sachen zusammengepackt waren und begab mich mit ihr in den Keller, wo die übrigen Hausbewohner schon versammelt waren.

Eine Weile blieb alles still. Dann aber ging die Hölle los. Ein ohrenbetäubendes Donnern, Krachen, Splittern, dazwischen das heulende Pfeifen der Brandbomben! Keiner sprach ein Wort. Alles Denken verging einem. War das Haus schon über uns zusammengestürzt? Waren wir schon verschüttet? Aber nein, durch die fortgeschleuderte Kellertür drang heller Feuerschein. Es war plötzlich still geworden. »Die Flieger sind fort« – hieß es. Aber was hatten sie angerichtet! In 48 Minuten war Hannover ein Trümmerhaufen geworden, an allen Ecken brannte die Stadt.

Auch auf dem Stephansplatz waren wir von einem Feuermeer umgeben. Alle Zugangsstraßen brannten, kein Entrinnen war möglich. Hunderte von Menschen hockten auf ihren Koffern und schauten stumm dem Wüten der Elemente zu. Wir gesellten uns zu ihnen. Über uns raste ein Feuersturm. In nasse Decken gehüllt, konnten wir dem Funkenregen standhalten.

Als der Morgen kam und es heller wurde, beteiligten wir uns an den Löscharbeiten. Aber durch Versagen der Wasserleitung war es ein vergebliches Unterfangen. Um neun Uhr morgens gab die Polizei den Befehl, den Platz zu räumen. Nun galt es, irgendwo durchzubrechen. Meine Tochter stülpte ihre Gasmaske über den Kopf, hängte Schreibmaschine und Koffer ans Rad und ging voran. Ich folgte ihr mit Decken, Köfferchen und Handtasche, die meine größten Kostbarkeiten barg, nämlich Bibel, Füllfederhalter und die nötigsten Papiere.

In der Geibelstraße umfing uns ein derartiger Rauch und Qualm, daß man es nicht mehr zu ertragen meinte. Jetzt warfen wir Rad, Schreibmaschine und Koffer hin und suchten nur noch das nackte Leben zu retten. Da sah ich mitten aus dem Rauch eine Hand, die uns zuwinkte. Ohne zu wissen, was das bedeutete, stürzten wir darauf zu und wurden gleich darauf in ein kleines Auto geschoben, in dem außer uns nur noch eine andere Dame saß. Es waren zwei höhere Militärs, die es versuchten, auf diese Weise Menschen zu retten und wunderbarerweise unter den vielen gerade uns ergriffen. Ein Auto war ihnen bei dieser Hilfeleistung schon verbrannt. »Nehmen Sie Ihre Gasmaske ab, sie fängt Feuer«, sagten sie zu meiner Tochter. Dann steuerten sie ganz vorsichtig und langsam durch die brennende Straße hindurch, Scharen von Menschen zur Rechten und zur Linken, die ebenfalls versuchten, ins Freie zu kommen. »Lassen Sie uns aussteigen, nehmen Sie andere mit«, war unsere Bitte, sie taten, als hörten sie es nicht. Erst am Maschsee, wo keine Gefahr mehr war, ließen sie uns aussteigen und kehrten um, andere zu holen.

Wer dächte hier nicht an das Wort: »Er hat seinen Engeln befohlen über dir, daß sie dich behüten auf allen deinen Wegen, daß sie dich auf den Händen tragen und du deinen Fuß nicht an einen Stein stößest.«

Noch am selben Tag gelang es uns, Burgdorf zum Teil zu Fuß, zum Teil auf Lastautos zu erreichen. Wir fanden bei meiner Schwägerin Nelly Hahn freundliche Aufnahme. Als meine Tochter am nächsten Morgen wieder nach Hannover fuhr, gelang es ihr, sich durch die rauchenden Trümmer bis zu unserer Wohnung durchzuschlagen. Die äußeren Mauern des Hauses standen noch. Aber als sie die Treppe zum ersten Stockwerk hinaufgestiegen war, stand sie vor einem Abgrund. Bis zum Keller war alles restlos den Flammen zum Opfer gefallen.

Der Verlust von allem Hab und Gut war ein Schlag. Besonders bedauerten wir es, daß außer unseren Möbeln, unserer Bibliothek und unserem schönen Flügel auch alle persönlichen Andenken an meinen Mann verbrannt waren. Unter seinen Aufzeichnungen befanden sich noch viele ungedruckte Predigten und Kollegs, die wir gerne einmal herausgegeben hätten. Und doch ging mir damals durch den Sinn: »Was sind dieses Lebens Güter? Eine Hand voller Sand, Kummer der Gemüter. Dort, dort sind die edlen Gaben, da mein Hirt, Christus, wird mich ohn Ende laben.«

Welch ein Segen, daß es unvergängliche Güter gibt, die keine Bomben und kein Feuer vernichten können! Die bergende Liebe und Nähe Gottes war uns gerade in diesen Wochen ein neu beglückendes Erlebnis und machte das Herz der Zukunft gegenüber getrost. Dankbar kam es uns zum Bewußtsein, daß Arbeits- und Wirkungsmöglichkeiten nicht vom Besitz äußerer Güter abhängig sind.

Auf meine Tochter Elisabeth warteten schon neue Aufgaben. Zunächst die Kriegsvertretung des eingezogenen Pfarrers von Pyrmont-Oesdorf, mit der sie vom Landeskirchenamt beauftragt wurde, dann die Leitung von religionspädagogischen Lehrgängen und Freizeiten im Freizeitheim Achelriede bei Osnabrück, wo auch ich bei ihr ein Zuhause und manche Wirkungsmöglichkeit fand. Jahre später bekam sie das volle Pfarramt in der »Kapellengemeinde Wangelist«, einem Pfarrbezirk des Hamelner Münsters, – ein Dienst, für den sie mit Freuden ihre ganze Kraft einsetzt. Das mitzuerleben, wenn ich einige Monate im Jahr bei ihr bin, ist für mich eine tiefe Freude.

Aber auch mir hat Gott immer wieder neue Aufgaben geschenkt, wie man sie im Alter erfüllen kann: im Gespräch von Mensch zu Mensch, in gemeinsamem Forschen in Gottes Wort mit Menschen, die danach verlangen, und nicht zuletzt durch eine große Korrespondenz mit oft seelsorgerlichem Austausch. Das alles läßt mich in Verbindung bleiben mit einer großen Zahl von Menschen, an deren Erleben ich teilnehmen darf, die durch ihr Vertrauen und ihre Liebe mein eigenes Leben reich machen.

»Um den Abend wird es licht sein«, dieses Wort trifft auch für den Abend meines Lebens zu. Wie dankbar bin ich dafür, daß mir nach den Stürmen meines Lebens im Hause meines Sohnes, Professor der Theologie in Heidelberg, ein freundliches Ausruhen im Kreise seiner Familie geschenkt ist. Dankbar bin ich auch für das geliebte schwäbische Kinderhaus meiner jüngsten Tochter, Beate Nestle, in Stuttgart, wo ich als Schwiegermutter und helfende Großmutter immer willkommen war.

Von meinem stillen Zimmer aus nehme ich teil an den Sorgen und Freuden meiner drei Kinderhäuser, am Wirken meiner Kinder auf verantwortungsvollen Posten in Kirche und Welt, wo, jedes in seiner Art, auch dem Reich Gottes dient. Die sechs Enkelkinder wachsen heran mit den eigenen neuen Aufgaben, vor die das Leben jedes von ihnen stellt. Da gibt es viel zu sorgen, zu lieben und zu beten.

Zu Hause freundlich umsorgt von meiner Schwiegertochter, habe ich viel Zeit zur Vertiefung in meine Bibel, in der ich immer neue Schätze entdecke. Sie gibt mir Antwort auf viele Fragen, sie tröstet mich in verzagten Stunden, in Anfechtungen und Niederlagen. Denn in ihren Worten begegnet mir Jesus Christus und in ihm der lebendige Gott, der die Kraftquelle meines langen Lebens gewesen ist.

An der Schwelle der Ewigkeit stehend, leuchtet mir aber als letztes großes Ziel die wunderbare und gewisse Verheißung des lebendigen Gottes an alle, die an ihn glauben:

»Ich lebe, und ihr sollt auch leben!«

Ausklang

In der Zeitspanne, die mein Leben umschließt, haben sich weltweite geschichtliche Umwälzungen von ungeheurem Ausmaß vollzogen. Zwei furchtbare Kriege erschütterten die gesamte Welt bis in ihre Grundfesten. Mächtige Reiche sanken dahin, Schicksale von unermeßlicher Tragik umgeben uns täglich.

Was ist das einzelne Menschenleben?

Gleicht es nicht dem winzigen Sandkorn am Strande des Weltenmeeres, sinnlos umhergeweht und umhergeworfen vom Winde?

So könnte man fragen, und so fragt man auch, bis man durch all das unentwirrbare Weltgeschehen und auch durch das eigene Schicksal den Schritt dessen vernimmt, der da war und der da ist und der da kommt!

Kleines Menschenkind! Ist es nicht zum Staunen, daß der so gewaltig handelnde Gott, der heute richtend und reinigend die Geister scheidet, auch deine Tränen und deine Freuden kennt?!

Aus diesem Staunen heraus sind die vorliegenden Blätter geschrieben. Und aus dem Schatz der Erinnerungen steigt noch einmal ein strahlender Sonntagmorgen auf. Ich war zum erstenmal als Braut in Dorpat und erwartete meinen Verlobten, der mich zum Gottesdienst in die Universitätskirche abholen sollte. Es war Frühling in der Natur und Frühling in meinem Herzen.

Da kam er selber und brachte mir als erstes Geschenk ein kleines, in schwarzes Leder gebundenes Gesangbuch mit Goldschnitt. Als Widmung hatte er die Worte aus dem Johannesevangelium hineingeschrieben: »Euer Herz soll sich freuen, und eure Freude soll niemand von euch nehmen« (Joh. 16, 22).

Das war so recht ein Wort für ein glückliches Brautpaar, vor dem das Leben lag wie lauter Sonnenschein. Aber würde es sich bewähren? Gibt es eine Freude, die niemand von uns nehmen kann? Auch dann nicht, wenn das irdische Glück zerbricht, der Weg steil und einsam wird und das Herz sich an Dornen wundreißt, diesen kleinen, spitzen, so ermüdenden Dornen des täglichen Lebens, die oft noch schwerer zu ertragen sind als ein großer Schmerz?

Ich darf es aus tiefster Seele bezeugen, ja, es gibt eine solche Freude, die trotz großer Traurigkeit bestehen bleibt. Mögen dunkle Schatten oder schwere Wolken sie zeitweise auch so verdüstern, daß die Seele nichts mehr fühlt als nur den Schmerz, diese geheimnisvolle Freude bricht wieder durch, wenn auch manchmal nur mit dem Sehnsuchtsschrei: Ich glaube, lieber Herr, hilf meinem Unglauben!

Es ist die Freude, die meinen Mann erfüllte, als er – schon bedroht von den Todesmächten, denen er wenige Tage danach äußerlich zum Opfer fiel – seiner Gemeinde als letztes Bekenntnis zurief:

»Gott ist dennoch vor allem die Liebe, und dann kann uns nichts das Leben nehmen.«

Diese Freude kommt nicht aus dem eigenen schwachen Herzen, sie ist ein Geschenk dessen, der sie verheißt.

Bei der Rückschau auf ein langes Leben, auf das sich jetzt die Abendschatten senken, ist es diese Freude, die mich erfüllt. Welche Gnade Gottes in all seinen Führungen! Neben dem unsagbar großen, unverdienten Glück der Ehe mit einem Mann wie Traugott Hahn, das unbegreiflich große Wunder Gottes, daß er, als er mir das alles wieder nahm, mich nicht versinken ließ in dieser Tiefe, ja, sich mir selber schenkte wie nie zuvor.

Wunderbar und menschlich unerklärbar, daß in den langen Witwenjahren, in denen ich mit meinen vier noch unversorgten Kindern ohne jede irdische Sicherung dastand, sich auch äußerlich bei aller Armut das Wort erfüllte: »Als die nichts haben und doch alles haben.«

Noch wunderbarer, daß Gott mich schwaches, versagendes Menschenkind nicht verwarf, sondern in seinen Weinberg rief zur Mitarbeit und mir damit ungeahnte Freuden schenkte.

Allen Schmerz verklärend, endlich die Freude schon auf dieser Erde etwas sehen zu dürfen von der Frucht, die Gott für sein Reich durch Traugotts schweres Sterben erwachsen ließ, an seinen Kindern wie auch sonst in der weiten Welt.

So kann ich am Schluß meines Lebens nur einstimmen in den Lobpreis des großen Apostels:

»Wer will uns scheiden von der Liebe Gottes? Trübsal oder Angst, Verfolgung oder Hunger oder Blöße oder Fährlichkeit oder Schwert? In dem allem überwinden wir weit um deswillen, der uns geliebt hat. Denn ich bin gewiß, daß weder Tod noch Leben, weder Engel noch Fürstentümer noch Gewalten, weder Gegenwärtiges noch Zukünftiges, weder Hohes noch Tiefes noch keine andere Kreatur mag uns scheiden von der Liebe Gottes, die in Christo Jesu ist, unserem Herrn.

Brunnen Taschenbücher